TARDE EM ARABESCOS

ÁLVARO NASSARALLA

♦

TARDE EM ARABESCOS

Ibis Libris
Rio de Janeiro

Copyright © 2015 *Álvaro Nassaralla*

Editora: *Thereza Christina Rocque da Motta*
Design de capa e projeto gráfico do miolo: *Romildo Gomes*
romildo@romadesign.com.br
Capa: *Maria D'Annunciação, "Tarde em Arabescos", 1997, acrílico sobre seda*

CIP-BRASIL. CATALOGAÇÃO-NA-FONTE
SINDICATO NACIONAL DOS EDITORES DE LIVROS, RJ

Nassaralla, Álvaro, 1968-
Tarde em arabescos / Álvaro Nassaralla. Apresentação de Ziraldo. Prefácio de Paulo Braga de Almeida. - 1. ed. - Rio de Janeiro : Ibis Libris, 2015.
332 p.; 21 cm.

ISBN 978-85-7823-240-5

1. Poesia brasileira. I. Título.

15-24661

CDD: 869.93
CDU: 821.134.3(81)-3
Impresso no Brasil.
2015

Todos os direitos reservados ao autor.

Email do autor: alvaronassaralla@gmail.com

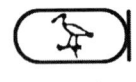

Ibis Libris

Ibis Libris Editora Ltda. – ME
CNPJ 09.238.097/0001-40
Rua Morais e Silva, 86 / 405-B
Tijuca – Rio de Janeiro – RJ

ibislibris.loja2.com.br
ibislibris@gmail.com

Associada à LIBRE.
www.libre.org.br

Sumário

1. Ecos de lugarejos – *21*
2. Os amantes e a tarde – *24*
3. Tarde radiante – *26*
4. Pálida pradaria – *28*
5. Negações – *30*
6. A humanidade – *32*
7. Quebra-mar – *34*
8. Cores da hora – *36*
9. Tesouros escondidos para sempre – *38*
10. Meus três anos – *42*
11. Praça – *43*
12. Distâncias – *44*
13. Infinito – *46*
14. Novas desconhecidas ciências... Do coração – *49*
15. Fábulas – *51*
16. Bárbaros civilizados – *53*
17. Voo – *55*
18. Descobertas – *57*
19. Brancas construções ao sol – *60*
20. Inato – *62*
21. O poeta – *64*
22. Estrada – *66*
23. Canteiro lilás – *68*
24. A lagoa quase me sorri! – *70*
25. Voo desamparado! – *71*
26. A penumbra e os papéis – *73*
27. Poente – *75*
28. Pequenina praça – *77*
29. Luas luzes – *79*
30. Caminhar! – *80*
31. Noite no deserto – *82*
32. Escorpião do deserto – *84*
33. Servos da lua – *86*
34. Adeus – *89*
35. Silêncio – *91*
36. Do fim para o começo – *93*
37. Flamboyants solitários – *95*
38. Somente mais uma brincadeirinha – *97*
39. Acima da oliveira – *99*
40. Corredores dos ventos – *101*
41. As luzes ardem à distância – *104*
42. Batismo do inverno – *106*

SUMÁRIO

43. Breve balada para o dono do mundo – *109*
44. Bússola – *111*
45. Canto da igualdade – *113*
46. Chuva viajante – *117*
47. Dando ao vento – *119*
48. Sssssssssssssssilêncio – *123*
49. Era nova – *125*
50. Estradeiro – *128*
51. Flores e mísseis – *130*
52. Ultrapassagem – *133*
53. Jorge é cavaleiro – *137*
54. Lua levante – *139*
55. Lua caravana – *143*
56. Lua de dia – *145*
57. Lua imantada – *148*
58. Luar alado – *149*
59. Pomar de luas novas – *152*
60. Maio – *155*
61. Mississippi – *157*
62. Navegantes – *162*
63. O outono quem vai dizer… – *164*
64. Oceano – *167*
65. Onde estamos? – *169*
66. Palavra aberta: azimute – *171*
67. Perecível – *174*
68. Píer dramalhão – *176*
69. Ao quebra-mar – *180*
70. Pôr-do-sol no mar – *184*
71. Wall Street e a servidão moderna – *187*
72. Saber viver – *190*
73. Semideus (ou quase nada) – *192*
74. Sina – *194*
75. Sol de verão – *196*
76. Tarde laranjeira – *198*
77. Fim de estação – *201*
78. Um fenício já nasceu com todos os ventos – *202*
79. Vento de ressaca – *206*
80. Vesperal do sol frio – *209*
81. Sílaba morta de verão – *211*
82. Sempre chegar, sempre partir – *215*

Sumário

83. A tarde tem hora? – *218*
84. Os do lado de lá – *220*
85. Na pele imunda das calçadas – *223*
86. Segredo do tempo – *227*
87. Plano de ano novo – *231*
88. Separar para conquistar – *235*
89. Sorte de primavera – *236*
90. Mirantes desertos – *239*
91. Distar e estar – *242*
92. Manifesto inspirado em Bukowski – *245*
93. Sol frio – *248*
94. Sol alquímico – *251*
95. Para ser mais exato – *253*
96. Poemoração – *257*
97. Poderia ser sem dor – *260*
98. Jornada anil – *263*
99. Natal de Kerouac na Baía de Guanabara – *266*
100. De leste a oeste, os mais belos – *271*
101. Cheiro de mar – *273*
102. Carrasco – *275*
103. Estiagem – *277*
104. Decreto – *280*
105. Outono desimpedido – *282*
106. Nua – *284*
107. Primavera curta – *286*
108. O jogo do outono – *289*
109. Vitória – *292*
110. Boca do canal do mar – *295*
111. Sanguessugas voláteis – *298*
112. Cura – *302*
113. Fênix – *305*
114. Breve convocação pela eliminação do dinheiro – *308*
115. Língua prata no mar – *311*
116. Parem de roubar os índios – *314*
117. Do mirante – *317*
118. Obrigo-me a acreditar – *319*
119. Para amanhecer – *322*
120. Bandeira dos degenerados – *324*
121. Na tarde em que a baía azul flutuou – *327*
122. Tarde em arabescos – *330*

APRESENTAÇÃO

Não acho que seja uma boa recomendação para jovens poetas. Minhas palavras podem estar muito longe do que eles querem ouvir e mais distante ainda de um julgamento de quem sabe se deixar tocar pela poesia. Ou pela Poesia. Durante muito tempo acreditei que podia ser crítico literário, principalmente no que se referia à criação poética. Até que o Jaguar, meu parceiro do Humor e do Cartum, leu o que escrevi e me disse: "Você pensa que entende de poesia".

Por essa razão, quando o jovem Álvaro me procurou para que fizesse a apresentação de seu livro, mais que honrado, fiquei temeroso. Não vai dar certo, Álvaro. Poesia é uma coisa muito complicada. Depois, lembrei-me de outro velho colega de Pasquim, o Ivan Lessa, que passou todo o seu tempo de jornal a perguntar se a poesia era mesmo necessária. Quanto a isso, Ivan, eu tenho certezas. Ela é.

Está chegando aí o Terceiro Milênio e os poetas continuam sofrendo e proliferando. Chega um momento em que não é possível viver sem que a palavra emerja de nossa alma em forma de poesia. Porque ela – a Poesia, ora – não se explica.

O poeta é um fingidor, já dizia o nosso português maravilhoso. E, Drummond, fingindo, segue aconselhando: "O que pensas e sentes, isso ainda não é poesia". E o que é poesia, poeta? Me diga, se, durante toda a sua vida, toda a matéria que você nega nesse arrasador poema é a matéria da sua poesia?

O Álvaro deve ter enlouquecido. Mas sobrevive aqui, fazendo versos que são pura confissão, dolorosa, às vezes, e cheio de esperança e perplexidade. São muitas as formas de poesia e de mentira. Para ser um poeta completo, a única coisa que falta ao Álvaro é mentir.

PREFÁCIO
Paulo Braga de Almeida

Jovem ainda, escreveu uma poesia forte. O tema, as palavras e as emoções que dele fluíam não caracterizavam alguém mal saído da adolescência. Ao contrário, demonstravam vigor e sensibilidade só encontrados em homens maduros ou moços com grande percepção da interioridade.

Depois tornou-se um piloto de corridas, e o poeta escondeu-se da excitação e das armadilhas existentes na extrema competitividade. Porém, como o poeta nascera antes, persistia em aparecer depois das corridas, esgotada nas disputas a energia bruta. E, na solidão dos quartos de hotel, a alma prevalecia, inspirando poemas que se acumulavam na proporção da descoberta do vazio das pistas. Só a poesia o enchia.

Passada a fase aguda das competições, buscou diálogo sobre o futuro profissional. Começava a conversa pela pilotagem, e essa logo se ia. Depois entrava na evolução da carreira. Mas o que de fato o interessava era falar de poesia. Só não sabia como iniciar.

Quando reviu a poesia forte, pôde ser provocado. Onde estava a continuidade? Resguardou-se. Só aos poucos foi falando do que produzira. Fora desafiado, e a isso não resiste. Mostrou os escritos. Desculpou-se da imperfeição. Minimizou o trabalho. Mas no fundo, podia-se perceber o orgulho e a vontade de continuar escrevendo.

Numa noite, deprimido, iniciou confuso a conversa, até que achou o caminho da poesia. E começou a mostrar seus conhecimentos e entusiasmo de forma espontânea. Em poucos minutos, a figura arqueada e cabisbaixa alterou-se. Empertigado na cadeira, alinhou a coluna, a cabeça, a garganta e o peito. E de um jovem homem perplexo, surgiu um príncipe árabe, que para sê-lo aprende antes a ser poeta.

Aí estava o homem completo, lastreado num talento verdadeiro.

Depois disso, atuou com força e vontade. Trabalhou duro. Corrigiu e reescreveu muito. Especialistas o apoiaram. Alguns meses depois, um conjunto de poemas passou a dar forma aos sentimentos das diversas fases de sua vida. Tratava-se agora de publicá-las.

Novas angústias. Novos medos. De parecer

pretensioso. De não ser bem apreciado, da incompreensão...

Enfrentou pressões diferenciadas. Para que se apresentar agora? Por que não aguardar quando a produção estivesse mais madura?

Superou tudo quando compreendeu que ao publicar o que estava feito, poderia sentir as reações e, principalmente, abriria espaço interno para novos trabalhos – novas poesias, contos, romances – dos quais já fala.

Assim foi surgindo o original. Cada passo de seu preparo teve uma história e, pelo caráter do autor, um sofrimento. Mas as alegrias também vieram à medida que os obstáculos iam sendo vencidos, e ele acreditava ser possível tornar concreto seu desejo.

Agora que o livro parte para o cumprimento de sua missão, renova-se a esperança de ver-se surgir novamente, e para nunca mais esconder-se, um sheik-poeta-brasileiro que ajude a ampliar a expressão bela e mesclada das emoções deste nosso país.

Rio de Janeiro, 31 de maio de 1996

AGRADECIMENTOS

É difícil, para mim, dizer se esse livro seria algum dia publicado sem a existência do **Sarau Corujão da Poesia** e de seu coordenador, o querido professor **João Luiz de Souza**. Pela ocorrência semanal e seu caráter associativo, o Corujão resgatou-me para a poesia, já que a vida havia me levado para outros caminhos (há mais de 10 anos afastado e praticamente sem escrever nenhum poema). Agradeço ao professor João Luiz e ao Corujão por sua missão de levar a ocupação poética e a leitura para a vida das pessoas.

Agradeço à minha Tia Heli Maria Nassaralla.

A meus amigos, Rêmulo de Melo Oliveira, Maurício Novaes e Jacira Sanchez (in memoriam), Vitor Brasil Máximo da Silva, José Augusto Silveira, Marcelo M. Faria, Eduardo Vargas, Alberico Campana Jr. e Bernardo Kvapil.

Grato pelo apoio, nessa fase final de lançamento, debates e troca de ideias, a Beto Dornelles e Alê Barreto.

Agradeço aos Drs.(as). Nilza, Nicolau Maluf e Sandra Mariana. Minha vitória também é de vocês!

E a tantos outros, se eu fosse mencionar...

Dedico este livro a meus pais
Abílio e Maria,
à minha mulher Inajara
e ao meu irmão Jorge.

Dedico aos meus avós
Jorge e Chicria, Álvaro e Celme,
aos meus padrinhos
Eunice e Sebastião Salles
e a meu amigo
Paulo Braga de Almeida,
in memoriam.

O poeta se compara ao príncipe da altura
Que enfrenta os vendavais e ri da seta no ar;
Exilado no chão em meio a turba obscura,
as asas de gigante impedem-no de andar.

Charles Baudelaire

ECOS DE LUGAREJOS

No meio da tarde,
as frases ficam-nos pregadas,
murmúrios a ecoar
nas devassidões de nós mesmos.

No meio da tarde,
como imperturbáveis lamentos,
as frases ficam-nos agarradas, a ecoar.

Principalmente, as curtas
que chegam de distâncias...
...das distâncias.

Latejam repetidas vezes nos ouvidos
...por dentro deles.

No centro da tarde,
sinto cálidas palavras tenras
de distantes terras, épocas.

Sinto corações longínquos que ainda sentem
na Terra.

Para frente,

recuo no tempo,
para trás,
adianto-me,
raspando em marquises de lugarejos
...perdidos.

Sei,
algum lugar me espera: sereno.

Acolhedor algum lugar
em que se divise o sol resvalando as paredes
da tarde.

Sol que escorre
por frestas
riscando quartos simples,
querendo contar-me algo, mas só brilha!
                                            brilha!
                                            brilha!
                                              ilha!
                                              ilha! lha!
                                              lha!
                                              lha!
                                              lha!
                                              lha!

            ha!
            ha!
            ha!
             a!
             a!
              !

OS AMANTES E A TARDE

Como te quisesse o semblante,
coisas de planos relvados.
Estendido amarelo constante,
teus olhos no fundo da tarde.

Eis o vagar do tempo,
sem tempo
que se destempera em borrão
de luzes profusas
na tarde feita todinha de ouro.

Como te estender
um novo amarelo lençol
que a relva luminosa oferece?

Como te amar novamente,
se é isso o que sempre senti?

O dourado descompromisso,
as arqueantes horas de luz,
nossa eterna companheira.

E, sem vento, mar d'ouro,
silentes campos,
onde o nosso amor se encontra.
Desgarrado... há que se encontrar.

Lá eu sei que o amor é puro!
É silenciosamente divino!

Lá, meus inimigos se confessam
meus inimigos.

Lá, meu coração bate fora do peito,
exposto, a pulsar que é a vida!

É tanto amarelo que nos chega,
que os feixes, brancos, antes de tocarem
o campo!

Cantar cantiga, não precisa.

Como já disse,
deixar a tarde apenas para os amantes.

Para o silente dourado.

TARDE RADIANTE

De esperanças partidas
e uma fé que não nasceu,
ando nas alamedas floridas.

De certo, nem frio,
nem quente a me tocar.
Brisa fresca,
que muda me alisa,
o silêncio pode até acalentar.

Que suave dor descolorida?
Os murmúrios, matizes,
a tarde, eu, nuvens, os raios.
Eu, sem cor.

Esperanças partidas
deixadas n'algum lugar:
perdidas
desencontradas.

Ouço um distante canto
e procuro a brisa que o traz.
Mas, perdido,
continua a me driblar e se safa.
Espalmo, pulo, rabisco, coloro
...nada alcanço.

– Um transeunte sem cor
as alamedas floridas
e a tarde radiante!

PÁLIDA PRADARIA

Meu nome é poesia!
E conquanto caminhe plácido
e submerso,
abismos imensos são dos que estou
ao alto!

Minha luz
é o vesperal nu
de tesouros
dourados
em campos desolados!

Percorro
insultando de amor
as tardes todas,
as mães todas,
as solidões todas!

Como que com pedras na mão acariciadas
procuro a pura luz,
sabores singulares.

E, se por vivido,
pálida pradaria se me apresenta,
que galope homem em olhos de fogo,
que se distinga furor à alusão,
se confundam folhagem e brisa.

— Espere intacta dor a desabrochar,
aflita,
espere,
então,
cristalina apreensão...

Somente o que a nos salvar
se tenha por sagrado,
somente a força sob cores invadidas
e doces.

Somente meu nome:
poesia!

NEGAÇÕES

Comigo,
carrasco, duro e azedo:
não poupo críticas.

A canção que doce me chega,
não me adormece
tampouco floresço.

A luz que a íris escancara,
desenha arabescos n'alma
e, ainda assim, não me fecunda.

O trigo que se aloura à tarde dourada,
e se doura diante da tarde espalmada
e se plaina em campo aos sorrisos,
não irriga,
não me eleva,
ríspido, eu.

A nascente que bole e prateia a mata,
que sussurra e burila à noite quieta,
que lava areia tão tenra
e harpeia sinfônica natureza,

não purifica, não lava
...não me adoça.

Ainda assim, migro,
seco e devasso,
a imensidões
quase desesperantes,
estações que esvaentes,
luzes e semblantes.

Às estações, burlo-as:
Em meus olhos, inverno
quando verão,
primavera a inverno,
outono à primavera...

Com elas, meu coração vai
e, pelo menos, assim,
não se encosta,
não adormece,
não se distrai...

Não se nega.

A HUMANIDADE

Luzente,
a tarde circunvaga
introspecta
por entre
meus apelos
– azedos.

Luzente
a tarde canta
e eu...
amargo-me
nas línguas da humanidade.

Remotas lembranças
vêm-me como retalhos,
puros
talhos,
sensações.

– Com todo o meu azedume,
a tarde vai risonha!

Entremeia lábios intatos,
carícias dispersas,
doces brisas intuídas.

Luzente,
a tarde inunda-se aos beijos
dos raios dourados,
frutifica-se em majestade
e eu...
amargo a língua
nas línguas da humanidade.

QUEBRA-MAR

Nas folhas de outono,
perpasso a potência de toda desgrenhada
ilusão,
moça ilusão...

Nas folhas de outrora,
outonos outros,
como amendoeira respingada por quebra-mar
– vermelhas folhas contra a paisagem marítima.

Minha lembrança repousa bonita e mansa,
até consentida demais.

Quase arrependido,
gosto do desfolhar derradeiro
que cada lembrança parece antecipar,
mas, com tal amor,
percebo florescer tardes antigas,
semblantes borrados,
paredes amarelas.

Nas folhas de outono,
outrora perdido regozijo
– só anúncio penoso de eternas estações.

E uma vermelha folha cai,
galho estendido sobre as águas.
Desejos.

E o quebra-mar a alça a mares em que
passeio:
tardes caribenhas, baías e alto-mar...

CORES DA HORA

Toda canção é linda.
E vaga, desalentada, vai-se a tarde
mirando crianças tão tristes,
trigos em riste,
sonhos serenos e incompletos.

Mão linda tua toca-me.
Gostaria de poder alisar o mundo
ou somente teus gélidos cabelos,
ou falar e as palavras indo,
multicolores
floridas
alucinadas
nos umbrais da hora estanque.

– Quem me escuta
nesta tarde surda
desfigurada?

– Quem sugere
luminares baldes de sol
nas planícies
do meu coração?

– Quem me encobre
esta eterna solidão
errante
de estrela vespertina?

Gostaria de teus gélidos cabelos
nos lábios meus...
Qualquer palheta
devolvendo esperanças há muito fraturadas.

Vão-se lindos banhos de sol,
enchentes de luz
nas ermas planícies sempre a nos
espreitar.

TESOUROS ESCONDIDOS PARA SEMPRE

Tarde livre como o vento,
amarelada e brilhante
por onde andam as tempestades
adormecidas!

Despretensiosa:
balça livre,
como ondas
a flutuar
as baías do mundo!

Tarde a dourar sementes tão dispersas
e distantes...
mas
de suas solidões
rutilam
e são como pequenas joias raras!

Tesouros enlanguescidos
na furibunda tarde cintilante!

E eu desregro substâncias humanas
que tentam classificar a natureza!

Tentam encarcerá-la!

Não há como.
Em sublimes distâncias,
o peregrino,
que perfunda-se nos vitrais dourados
do sol descendente,
sabe-o bem!

– Solidão livre como o vento!

Fôssemos libertos das moedas
que nós mesmos compramos
para que nos escravizem,
das ideias que nos vendem
para nos subjugar.

E a bem perceber,
rendemo-nos sem ao menos lutar.
Sem ao menos saber que nos rendemos!

Inédita palavra preciosa, surge
reverberando o brilho insano
das paisagens desoladas,
e o coração meu

que, desconsolado,
pode, então, suspirar covardias e escravidões,
e libertar-se das imposições
recorrendo às flores caladas e perfumosas,
luzes difusas às alamedas da tarde...
Tarde abrilhantando-se colorida
aos derrames de paz e êxtase,
encantamentos furiosos
de virgens em primavera.

Tarde desgarrada do ventre
de tudo o que é ser,
luminoso oceano dourado
esparramado e cintilante...

Enfeites que a tarde dá!
Elogios que coroam corações tristes!
Flores, que belas, habitam pecados inauditos!

Inédita palavra preciosa,
nutrindo distâncias imensas...

E o que vale
é o saborear indelével de tesouros
escondidos para sempre.

Eterna tarde com os olhos famintos do
amanhã...
Destilada,
livre e plena como o vento!

MEUS TRÊS ANOS

A cor que irradia à lembrança é a cor da
tarde.
Não arde.
Claríssimo a branquear parapeitos,
mas não arde.
Nem amarelo quase não havia!
...Mas doce.

A cigarra no lençol da tarde
dorme a lembrança mais pura
– verão silencioso.

Em mente, por passarinhos
festejantes – cheiros perfeitos –,
completa tarde me invadia o ser.

A cor, torpor com que cai a noite sem dor
...como dorme o começo de escuro!

Os sons me ficaram, fixaram,
como eterna canção a me embalar.

PRAÇA

Linhas cenográficas atravessam minha.
Correntes sensórias encalacradas minam minha.
Hipérboles atroALUcinantes desfilam em minha.
Tipo layout torto em feixes laser atravessam minha.
Bucólicas paisagens me invadem o ocular sintético
                                        [e colorem minha.
Dançantes fluorescências hologramáticas depressivas
                                        [fragmentam minha.
Líquens-funks molhados estroboscopam e rebrilham
                                                [minha.

Na tarde de sol,
crianças na praça recordo,
recordo cenas suaves e apenas,
que apenas elas me enternecem a mente.
                                    Minha.

DISTÂNCIAS

A tarde me é uma imensa devassidão no
peito.

À distância,
o enrugado da lagoa se acinzenta imóvel
– retrocedendo a claridade: também
o verão.

O céu,
abstrata pintura de chumbo e azul,
algum lençol da lagoa ainda posto em luz.

A água toda bela,
enrugada onde alcanço,
imóvel ilude
também meu coração.

Também meu coração,
onde alcanço
descola-se, insuspeito viajante,
nas chapadas banhadas de solidão amarela.

Resvala-se em sombras de buritis.

Frutificado no ar acridoce que respiro,
semente de alguma letra que escrevo.

A festa verdadeira:
meu peito,
sem fachadas,
sem lei ou arrependimentos,
descola-se em noite de interior
...em hoteizinhos de rodoviária perdida
no continente.

Descola-se sem destino:
crianças brincando na tarde!

Me pego e os postes iluminam,
já perfumes lançados no ar roxo escuro...

INFINITO

A poesia tem asas longas
que remetem a dias infantes
e dourados,
e por lá éramos desprovidos e doces,
e não precisávamos de barulhos!

E tudo flutuava em serenas tardes brilhantes!
E tudo banhava-se em silêncios perfumados!

E eram como gotas espalhadas em longos
gramados cintilantes!

Gastarei meus dias com desdobradas janelas
e cortinas,
arco-íris molhados naqueles céus
inexplicáveis
e inusitados,
e as infâncias todas do mundo
serão como uma só:
serão tardes espalhadas e luminosas
e belas
e brincadeiras inteiras,
exercícios sempre novos e ingênuos!

E teremos altíssimos risos
e gargalhadas libertas:
não dormirão oceanos cintilantes da
imaginação!

Eternas tardes gastar-se-ão,
e a ternura será recoberta de pequenos vitrais
coloridos.

Não haverá exatidão,
apenas o desdobrar de olhos tranquilos
lúcidos
alegres
sonhadores...

Infinita será a tarde,
o brilho,
o sol,
as árvores na janela,
quieta luz completa
tocando tudo em suave colorido...

...em beleza desdobrada nos encantos
dourados
que furtivamente
atravessam os caleidoscópios da tarde!

NOVAS DESCONHECIDAS CIÊNCIAS... DO CORAÇÃO

As tardes dão-me um sentido
que não é sentido,
nem ao menos faz sentido.

E quanto mais procuro,
o sentido se desfaz em milhares
de sentidos,
supondo que o que é percebido pelos
sentimentos,
por si só abstrai-se
de sentidos.

Portanto, vai-se a tarde
assim, sem pressa...
E vão-se todos os brilhos, lentamente
caminhando e escrevendo
poemas com reflexos.

Vai-se a tarde
sem alarde,
amalgamando flutuadas substâncias,
despertando sempre novas desconhecidas

ciências,
alucinando-se em carências coloridas.

Vai-se a tarde,
leve barco flutuando ondas dos tempos,
que nos tempos sem Tempo
nem são sentidas como tempo!

Nem serem sentidas como tempo
faz sentido
na medida em que o Tempo
só pode ser sentido como algo que jamais
fará sentido!

Talvez, por isso,
a tarde se vá purpurina flamejante,
caleidoscópio rebrilhante,
coração pulsado,
inebriante,
das loucuras
que ainda não cometemos!

FÁBULAS

Os feixes amarelos desbotados, tímidos,
fazem arabescos na parede.

Repetem,
descoloridos,
as janelas e colunas
rebatidas em fábulas
arquitetônicas:
fábulas na parede dourada clara...

Os sons
surdos,
desfigurados,
misturam-se em ondas nostálgicas
das tardes da infância.
Das vidas, as mais diversas,
espalhadas pelos cantos da tarde
– espelhadas.

O sol frio
amarelece destilada imaginação,
emaranhando-se à parede
em sombras

recortadas, sutilmente
brincando de desenhar.

Na parede,
em fábula e arabesco,
sinto a remota glória de um passado repleto
nos brilhos conduzidos pelos Tempos
aos corações vitoriosos!

E assim vai a tarde...
...tarde se desfigurando.

O amor vem-nos propagado
das distantes auroras,
das conquistas sublimes
na tarde em arabescos!

Tarde se desfigurando!

Ainda assim,
tarde em arabescos!

BÁRBAROS CIVILIZADOS

Sentado da complacência do domingo, olho todas as
injustiças do mundo.
Olho-as como agregadas experiências humanas
neste Universo.

E o meu coração injusto, hipócrita,
subterfugia-se em desculpas.

Olho o vagar da vida, breve e longa estrada: imensas
as tardes solares...
Deixar bem claro cabe: a injustiça existe apenas do
homem para o homem.

O domingo se vai, descansado, liberto e vamos,
dignos e injustos.
Vamos,
civilizadamente bárbaros,
comendo para que a fome de outros nos sirva de
alimento.

Derradeiro,
todo domingo guarda como segredo,
em seu íntimo,

as culpas que queremos em segredo.

Sentado na complacência do domingo, absorvo toda a fome do mundo.

Sou forte e bárbaro e quero combater minha ignorância.
Combater, nem que seja através de palavras, a fome de uns poucos.

Combater a fome de uns poucos, a saber, ganância, que faz muitos outros passarem fome.

VOO

Eu carrego a poesia:
ombros meus,
que, ora o peso do mundo,
ora flutuando em cores, campinas e luas!

Quanto mais minha magreza toca a tarde,
mais divirjo às insinuações mundanas.

Caminho esquálido,
alimentado apenas de poesia,
e tantas vezes a tarde se aprofunde,
mais luzes estranhas e redimidas.

E tanto quanto devassa a tarde possa estar,
estou com a água que prisma cintilante,
com as lânguidas alegres nuvens,
lençol intermeante às pilhas de dimensões
que por espelhos infinitos experimento!

– Carrego luzes que me carregam!

E nada reprova e nada despreza,
a tarde invisível,
invisível lilás,
onde não há a que se agarrar!

Nada despreza, a tarde invisível
que aos poetas devassa,
extasia,
alça em voo
desprezado de palavras!

DESCOBERTAS

Vejo com o silêncio
luas que alucinam o espectro avassalador
das distâncias.

Canto imóvel
no silêncio do sorriso incontido,
na palavra reconhecida de
tempos passados,
no infinito entreaberto em paz e luz,
afrouxando dos braços a guerra,
tendo aos olhos
a luxúria gelada da lua branca.

Amo em contemplado amanhã,
procurando servir mais do que ser servido,
incendiando-me de luminoso apelo,
buscando a justiça precisa e perfeita,
para que o impossível amanhã
torne-se plausível e despojado!

Se a errar, todos temos confrontos,
se a resistir, todos temo-nos em apegos,
se a ludibriar, temos armas sutis,
então, observemos o tardio refluxo de sol na tarde que se afasta,
a pobreza a chorar em alguma criança faminta...

...E o sol que toca o casebre miserável
é o mesmo que brilha no azul das ondas,
que risca persianas ricas,
que inunda campos e planícies deitadas em cristais,
liberta e fecunda o perdão nos olhos convalescentes,
anuncia o arrepio imóvel das lagoas distantes,
borra o horizonte rubro e carnal de emaranhados desejos e paixões,
que crua e cura a boca com gosto de beijo perdido!

Eu tenho paixão adornada em marfim e madrepérola;
eu tenho arabescos cravejados na memória e no pensamento,
amarelecendo e transfigurando paisagens que a tarde cria... e sorri!

Que a tarde, em serena loucura, sorri!

Fevereiro 1997

BRANCAS CONSTRUÇÕES AO SOL

De tudo que emana doce tepidez,
de toda construção límpida e absoluta,
de todo momento superado em ardor e ilusão,
de toda correção e todo sonho,
de toda luz das decisões
e todos términos desde que sejam sempre novos recomeços,
e toda combinação de mel e polen do teu desejo,
e toda tristeza dissipada em cores de íris rajada,
e todo assalto de sorrisos cintilantes,
e toda vida a se espalhar aos arrabaldes do mundo,
melhor não temer
e o coração que em cismas reage
e se impede,
e a noite que em beleza invade entranhas estabelecidas,
ludibriam
nossas aparências acossadas.

Ter nos erros os melhores amigos,
recorrer a graças tão flagrantes que nos passam despercebidas,

e nas ausências
há apenas a prova de que somos
passageiros,
como ventos acariciantes e fugazes,
e então vamos a brincar,
brincar cabelos beijados pelas brisas,
presenciar nossa passagem,
purpurear os olhos
enchendo-os de desguarnecidas ilusões
perfumadas,
e beijar as flores que habitam nossos corações,
e encantarmo-nos com o amor de tardes
vagabundas,
e quedar diante do ocaso púrpura,
e violetar nossas aspirações,
e adoçar a fragrância de nossos olhos,
e não nos gastar em cinismos que nos são oferecidos
ao derredor cotidiano,
e dourar madurezas joviais,
e explodir primaveras ricas numa expansão floral
e diferente
...numa amplidão desgarrada de palavras!

INATO

O cheiro da primavera é doce
e o coração que se alarga em meu peito,
antes,
tantas vezes negado,
agora, no entanto,
não hei de deixá-lo incompreendido
...e até amá-lo,
sublime vagabundo!

E essa compreensão me vem suave
no doce intuito da primavera,
na tarde sem hora e oração,
correndo o sol fraco e vivo
de esperanças renovadas
pelas campinas
habitadas de solidão!

E desse modo
nada é pior nem melhor,
porque a vida só pode fluir
verdadeiramente
nesses momentos agrestes!

O que me brota nesta primavera rica
e cheirosa,
aos cuidados das florações lívidas da tarde,
são consciências errantes e mundanas
de todas as certezas queimadas,
toda a sanha em mim entranhada!

E se depois de relutar
e incondicionalmente me refugiar
da verdade,
tão-somente poderia me bastar
sendo livre.

Aceito o que a mim é presenteado, coração
sublime vagabundo!

Dezembro 1998

O POETA

Longe de qualquer conforto,
perdido no alto-mar dos pensamentos,
o poeta enlouquece
e esvanece as mais ocultas sombras.

Perto e em contato
com todas as solidões do mundo,
o poeta esbarra na loucura,
no completo desapego,
e de lá retorna esquálido,
alvo... intacto!

No entanto,
retorno de marinheiro,
apenas às novidades desembarca,
parte em nova aventura,
novos perigos.

E assim,
movido por sabe-se lá que propulsão,
segue rumos sem respostas,
onde as dúvidas cada vez mais impulsionam,
para um dia desgarrar-se completamente
de tudo o que é conhecido!

Fevereiro 1997

ESTRADA

Pastel nesse crepúsculo.
Tom pastel nas alamedas verdes
...os carros amarelos ficam estranhas
criaturas!

Desbotado,
meu coração
desengonçado
a consumir
inúteis horas.
Sutilmente implorando alguma afeição.

Luminosidade posta ali
por quem não pensou em tempo.

São carências
suaves
dissociadas
em aberto
de apronto.
Deixando-me no ar...

Percorrendo
os tons,
corro em
meus sentidos
mesclados.

Cai o pastel e vem o cinza...

Mas meu coração
ainda em tom pastel,
se desencontra
e circunvaga
loucamente dentro do peito.

Luzes
florálias
beijos,
a tudo, em tudo associo.

Estrada passando por cidades.
E a tudo dissocio...

CANTEIRO LILÁS

Roçando o suave lilás do canteiro,
quando cai a luz num azul quase noite.

Suave lençol delineando
meus sentimentos
que
de sutilmente encobertos
começam a ressurgir.

De ver cada flor,
uma
tecla... cada uma,
um tom.
Timbres perfeitos e leves
caem-me em seda.

Gozar cada flor?
Roçar o suave lilás do canteiro?

Permito-me bailar,
pequeno inseto
no sobrevoo sensível,
invisível,
lilás.
Pouca luz
embebeda-me;
ilumina, assusta.
Vagueio em total dissuasão de me querer.

Escasseando o dia,
tenho como promíscua insinuação
cada vez mais a prata dos postes...
Mais uma vez, a lua deserta.

– Os motores rosnam suas canções.

Flutuo na meia sombra
e o canteiro... O canteiro?

O canteiro ainda está ali!

A LAGOA QUASE ME SORRI!

Vi teus olhos
num azul que não explico,
na lagoa acalentada em desavisos
do crepúsculo como que em lábios segredado.

Vi tua lembrança
que inesperada a ti mesma
refletida no róseo da lagoa vagarosa.

Vi teu amor que desconheces
no rebrilho fronteiriço e inteiro,
na tranquilidade errante da hora decadente:
lagoa lisa e feminina.

Vi teu inteiro frescor exalante,
e a delicadeza e a força fêmea,
que a lagoa espelhada me traz!

A lagoa quase me sorri!

VOO DESAMPARADO!

Por que, de tão devasso,
meu coração
inútil
segue?

Por que, de tão suspenso,
ele, lúcido, anuncia estações a migrar?

Por que se exaspera,
leve hora em que a luz míngua
e a casa – imaginária – já lhe é incapaz?

Já lhe é longínqua!

Migrando de asas
– serenas,
apelo em voo desamparado.
O céu que o toca, o ampara.

Ou quase.
Aberto voo no quase escuro,
meio vivo
persuadindo
– iluminando o mistério.

Quero contemplar as tardes todas,
ou o espaço translúcido
entre o escuro e a vaguidão ofuscante!

Quero me ver esquecido,
simples delírio de poeta
brilhando na solidão!

Brincando que é feliz no meio da solidão!

A PENUMBRA E OS PAPÉIS

As sombras chegam
e não me cegam.
Iluminam algo que vejo
e busco no escuro;
busco nas seis da tarde espalhadas
pelo final de minha juventude.

A penumbra
e o café.
Adormecer a esta hora? Como?
Deixar-se dormente e leve,
deixar a alma solta
vagar pelos telhados mundanos,
pelas crianças terminando a brincadeira
e recolhendo – breves horas – o sonho.

E aquela força bruta travada no peito...
Aquela força linda e pura,
que pudesse regressar no tempo,
toda criança tem a esbanjar.

Desejo
me angustio
falho,
eu sonho.

Sonho como um louco,
um lindo louco
pela tarde correndo na relva.
Como soltando todos os conceitos,
as hipocrisias,
as pobrezas humanas, e apenas
por bela
inspirando e exalando primavera.

Correndo para o que nunca vi
e sempre senti
              podendo poesia.

POENTE

Afora
rosa púrpura
apelo impuro
belo perjúrio.
        Afronta

Afronta
adaga morna;
fura e não me gela.
Tormento fino
...luxúria sutil.
              Escurece continente afora

Afora
novos caminhos de minh'alma,
que nem sei se puros,
que nem me importo se.
São reflexos notas fatos
que de fato interpelo-me a eles misturado
...posso ser uma simples melancolia nesta
hora.
       Não me importo e nem mais me
                            afronta

Afronta
que nas pupilas
oscila,
close de flor
levemente tocada pela brisa
     acerto o foco.

Minha verdade pulsa todos os sons da infância.

– Súbito, a noite é suave:
ela me perdoa...

Quero seguir afora!

PEQUENINA PRAÇA

As praças até parecem
que foram feitas para mim.
Mas o escuro vem como um
chacal. Arranca-me o violáceo
e deixa a penumbra.

Penumbra com árvores mornas,
perfume de carícias carentes.
Eu, no banco, sou vulto,
minha silhueta não é nada mais
do que o escuro é.
Sou ambiente integrado ao lusco-fusco.

Imobilizo-me.
E, no entanto,
entre o que somos
e o que pensamos, seríamos,
colorem-se visagens,
recordações,
tácitos lamentos,
noções...

Noções de para onde
estou indo,
      ser vivente...

Agora os postes já se fazem notar,
      chão inundado de pequenas sementes das
árvores!

LUAS LUZES

Paixão e estranheza,
sou apenas isso,
se contradição eu sou.

Fluem-me esporádicos espasmos de euforia,
agredindo os desânimos profundos,
as intrínsecas esquisitices.

Sou estranho e apaixonado
– tenho-me luas luzes.

Sigo instintos de maresias próximas
de subúrbios me estranhos
de luas-criança em praças que desconheço.

Porque os astros não explicam:
eles impulsionam,
engravidam,
gravitam
na circuncêntrica existência,
na reentrância mais excêntrica
– sou estranhíssimo e apaixonado.

Desanimado e faminto!

CAMINHAR!

Preciso ser mais conciso.
Preciso ser mais humano.
Preciso atrever-me mais em amor.

Passei por lugares imensos e insanos,
passei em pavor.
Mas não minto;
às vezes
nada mais temia,
e conseguia deleitar carícias fantásticas,
fantasmagóricas.

Preciso ser mais humano.

Preciso ser mais amor,
ter na compreensão uma arma
mais eficaz às vicissitudes.

Sublimei expressões tirânicas,
condensei elucubrações arrogantes,
intermináveis,
precisei linguagens antes dispersas.

Apesar de tudo,
e tudo é pouco,
e o pouco já foi muito,
ainda há muito mais a caminhar.

– Preciso ser mais insano,
preciso ser mais amor.

Preciso ser mais humano.

NOITE NO DESERTO

As asas do vento
carregam meu coração.

Árabe devoção por sobre a noite,
alisando pálpebra
areia morna
lágrima
   — seca.

Árida, minha pupila,
meu coração apaixonado...
Itinerante asa do pensamento,
vou carregado, leve pluma.

As asas do vento
carregam meu coração,
valsando valsa flutuada
por sobre a noite:
luz seguindo
desérticas escuridões.

As asas do vento
me levam ao deserto:
sinto ancestrais devoções
em todas as veias,
sei que meus sonos
são flutuados em tendas.

Sinto que sou do deserto.

ESCORPIÃO DO DESERTO

Tormentosas,
vibram tácteis navalhas sangrentas.
Que lágrimas
nos olhos secos do deserto?

Trago finas adagas gélidas,
brilho prata nos olhos.

Trago fogo frio, luzidio
e perfuro
e intuo
      escorpião do deserto.

No escuro sem lua,
distingo
brilhos que nem chegam a brilhar.
Distingo o escuro, do escuro.

Trago destreza.

Os espinhos não me rasgam,
o deserto...
não me seca.
Sou seco.

    Tormento de meus olhos.

SERVOS DA LUA

O ar de lua desce à lagoa,
espalha-se na baixada,
invade os cantos todos,
festeja o azul de noite,
que de noite há bem pouco,
e por pouco dissipa distâncias,
resume os campos longos,
reúne a paisagem longilínea
à silhueta prateada.

A lua sobe...
Meu coração alça voo,
verte paixão ardente,
desliza na espuma salgada,
beija a maresia espessa,
balança à deriva no mar iluminado,
despreza o limite morto
que os que não amam impõem à fluidez.

Galopo ares e luares,
exprimo paixão na madrugada percorrida:
compadeço com a falsidade,
eco surdo dos desalmados.

Vou lado a lado à lua,
vou invisível e impertencido,
vou sereno e só,
inviolado,
vou misterioso e desprezado!

A lua nada me pergunta
e ouço cantigas ecoantes e profundas
como quando quase despertamos de um sonho.
Sou interstício de tempo e lua. Lua,
impenetrável alucinação nos espaços.

Da noite, partem cavaleiros
que ao meu lado galopam velozmente,
e sorriem, e amam, e lutam.
Ultrapassamos a luz e ela nos acompanha:
e ela nos protege.

Circundados de brilho,
vamos em derradeira paixão,
em noite iluminada
como um palco de joias raras
espalhadas nas areias e espumas;
e a lua,
amante de cada um de nós,

embalando os sonhos, acariciando-nos
aos cabelos tocados pelo vento.

Somos ternos e violentos,
amantes e assassinos,
gostamos do gosto gelado da noite na
garganta,
do sabor das peles fêmeas nas nossas bocas.

Amamos desertos enluarados,
palmeiras e tamareiras recortadas no breu.
Decidimos os próprios destinos e amamos sem
piedade.

Somos guerreiros bárbaros,
servos da lua!
Somos homens, anjos, bichos,
somos o que queima, somos vida!

Somos servos da lua e livres como a noite!

ADEUS

Devo me encontrar
na rapina de algum pensamento,
me excedendo e transmutado
de criança para algo que nem sei ao certo.

Devo trocar seus olhos
por algo que cintile mais...
Algo que cintile mais,
e seja o quanto mais frio!

Algo que acabe com escuridões imensas
e alumie campos e vales,
fazendo crer que o verde seja um vasto lençol
      prata despejada na grama.

Devo sentenciar-me
trocando-a por algo que mais cintile.
Ah! Quantos lugares, luares...
Trocando por algo que mais cintile!?

Devo trocar seus olhos
por algo que cintile mais
e seja o quanto mais quente!
Tardes esparramadas de luz... sem sombra
alguma.

Ah! Devo sentenciar-me
em algo mais que toda a vida.
E, lá no fim, no finzinho mesmo
– na última minha batida –,
terei um último relance seu.

Relance do que mais na vida vi cintilar...

SILÊNCIO

Com o açoite silencioso das estrelas
e o mouro caminhar suave,
ostento autêntica aura ancestral
– alma guerreira –,
ó vento cavaleiro...

Os desertos
de minhas pupilas
que te afrontam,
– ó estrangeiro –,
trazem séculos e espíritos,
trazem o azeite e a areia,
remetem a canções tão antigas.

Do mar apenas distante brisa
que vem como aureolares cânticos
e povoam os sonhos do deserto.

Abstinências que a aridez abriga:
veto-me o coração
– carências se delineiam.

Passado que já ouvi em alguma palavra
remotos combates e insultos
alguma linda, amendoada moura...

Veto-me o coração
com o açoite silencioso das estrelas...

DO FIM PARA O COMEÇO

Estou louco de uma arribação,
de algo que me vem em verticais.

No escuro, grades do berço, sozinho...
que tudo estranho nas sombras
– quantas sombras, me assusto!

Um elemento bruto,
em vigor e aurora
poderia tanto pânico?

Tenho algo de antes do primeiro aniversário.
Lembrança turva, enevoada
que vez por outra – fração –,
pulsa claramente:
bebê no berço.

Tudo estranho nas sombras,
mas com uma consciência de arrepiar...
Sentimentos macabramente lúcidos!

Do fim para o começo,
do berço pra hoje
eu regresso a aprender.

De trás para frente, como a renascer
ressurjo batendo a poeira de cinzas.

O fim já conheço.
Estranhamente, já nasci com ele.

Quero somente recomeçar, agora do começo.
Simplesmente do começo, agora –
simples sensações, simples observações,
simples analogias,
simples anoiteceres, simples alegrias, simples cumprimentos,
simples alôs.

Simplicidades – que compostas – resultam
numa arregimentada
plenipotente adstringência universal:
a vida!

FLAMBOYANTS SOLITÁRIOS

Meus dias são calmos e sóbrios,
até docemente ébrios.
Minhas luzes,
amenas,
reconfortantes.

Partem dóceis fascínios
silenciosos
à busca de tardes prolongadas.

Tremeluzem paixões acobertadas em
pudores hipócritas.

Queria a tarde mais pura
e branca
e lânguida...
Pudesse eu ser como os flamboyants solitários
em planaltos desertos.

Quisesse eu a mais doce
dançarina do deserto,
balançando-se,
os olhos negros,
os lábios corais...
Arabescos de sol e lua
na carne quente,
macia
da dançarina.

Meus dias são calmos, sóbrios,
até docemente apaixonados.
Minhas luzes,
ternas,
desmaiadas nos jardins de outono.

Meus dias são embalantes.
São eternos...

SOMENTE MAIS UMA BRINCADEIRINHA

A grama cresce sob o sol de maio,
bela, pura, justa.
Mas, para que tanto,
se essas palavras que escrevo não valem um centavo?

Pela beleza e pela verdade, morreram muitos.

Penso na sombra desse sol limpo nas varandas do outono
e nas pedras semipreciosas,
mais pelos rasgos de suas cores do que pelo seu valor
nas flores que se rebelam à tirania,
nas nuvens que navegam livres de formas.

Penso que sou ninguém,
se essas palavras não valem um centavo.
Nas palavras, não se pode tocar,
mas o dinheiro toca nas palavras das leis...

Penso que sou ninguém,
se essas palavras não valem um centavo.
Mas a escolha verdadeira sempre vai estar na
      [admiração à beira de um abismo
ou numa doca deserta,

sem notícias, a fragrância-lembrança das barganhas
[de pesca
sob a canção das aves a buscar o mergulho certeiro,
as pedras varridas pelas ondas,
o porto na joia do pôr-de-sol,
aquarela de artérias do dia que morre.

Penso que sou ninguém,
se essas palavras não valem um centavo.
E, no porto, o céu ametista
é todinho das aves fazendo festa.

10/05/2013

ACIMA DA OLIVEIRA

Detrás da oliveira,
parte a lua ladra
com a orvalhada tocada de almíscar
fazendo a honras da noite,
debruçando por sobre onde, até há pouco,
reinava a tarde cor de azeite e, depois,
o mar de céus que pareciam nunca mais querer
                              [parar de morrer...

Agora restam anjos, o negrume lantejoulado de
                              [estrelas, você
e a lua por romã derreada.

Para ser sincero,
o dia que se aposentou manso e calado
abriu caminho, verberando à busca de
cavalos negros selvagens que permaneçam livres
mesmo que, para isso, tenham de correr para
                              [dentro do vácuo
dos penhascos;
assim também para as odaliscas em forma de
                              [sangue cristalizado.

A lua
por devasso ofício
sobe inteira de esperanças e nada de amargo trará:
apenas fumaça e sonhos que a noite do deserto
                               [sabe transladar.

Sobe a lua, conjuntura escorpião,
destilando e repartindo todos os ocultos
com sua luz de água prata
rebatendo-se mártir e sombra oliva
refestelando-se com o nácar bruto das virgens e
                               [dos loucos
concedendo nada de brisa
transversa de solitude, magnífica,
quase completo fio de espelho transluzindo
e esfregando-se dentro em mármore branco
e a voragem fria do maio,
cada vez mais e mais e mais,
cada vez mais acima da oliveira.

23/05/2013

CORREDORES DOS VENTOS

Areia empapada chega com a brisa quente.

Quer se arrepender agora?
Que seja:
o universo já não é mais seu, nem nosso.
Seguimos uma viagem sem algum caravançarai
[para repouso.

– Eu estava onde os ventos mudam de direção,
negociando corredores de labaredas perfumadas,
girando a roleta dos continentes e oceanos.

Somente o poeta tem como pátria a tempestade,
o vento que faz a rede fina cantar canções de
[nenhum nino
ter a obrigação de desobrigar o silêncio,
descobrir a estrela das solidões como juramento
[de sangue,
ter em cada dente uma espada que fere
e levar a bandeira do oprimido,
estar sempre do lado errado e errático da existência,
e as palmeiras fazendo alas de oásis
são o correto segundo em que a aventura vive.

Ter do insulto
a certeza do sal,
logo eu que fascinei na tempestade
urrando de prazer para quando os mais próximos
               [trovões ribombavam!
Eu que perambulei pelas ruas das rosas
e vi
nas damas ganhando a vida
os mais claros sinais apartando-me do real.

Se há uma estrela de asas no firmamento
das muretas dos mares,
que seja pelo menos uma parte de mim
em cada parte de todos os portos do mundo.

E quanto à rosa,
a rosa ruma beijando tormentas,
ondulando aos ventos rubros do entardecer,
que era e é noite,
levanta os homens de suas salas importantes,
tanto quanto âncoras sem navios,
rosa-se de feridas e de prantos,
fecunda a ira do explorado na noite hóspede,
argila que cresce secreta e comigo,
do dia em que o lavrador se cansa e se abandona,

cristalina rosa que traz unguento profundo para
                          [minhas palavras usadas,
sonhando salvar a raça inteira,
que ela mesma não quer ser salva de nada:
eis aí o poeta.

Areia empapada chega com a brisa quente.

30/01/2014

AS LUZES ARDEM À DISTÂNCIA

As luzes ardem à distância.
Sou o meretrício da noite
nas caladas, desnudas pelagens
da escuridão.
Fica a estiagem de sabores.
Parte-se de silhuetas fluidas,
parto inquieto,
parte insalubre,
parte retrato impensado
da madrugada.

Tem-se prazer.
Agonizantes partos.
E quem vai me dizer o que é solidão,
quando a essência da multidão é o que parte do ventre
desnutrido e desapegado das mortes e vidas à sorte.

Quando posso delicado de lua abrir o peito vazio
absolutamente abortado e espesso na maré que
                              [rola lenta e negra
desnecessariamente humano e perverso,
redundante de afogamentos seres,
marítimo e ilhado na lua da rua deserta,

na crua distância do amor aloprado dos dementes,
no ócio sedento das espreitas,
na invalidez dos ventres encharcados de ódio.

As luzes ardem à distância.
A noite é uma doença venérea mal curada
e pouca luz como drogas inertes do saber e da luxúria.
Podemos navegar dois ou um inteiro solstício
e você ainda vai ser o que eu não quis para mim,
para a noite,
para crianças desesperadas,
para pais despreparados,
quebrando a sequência,
corrompendo a sua criança:
corrupto eu,
corrupto você.

BATISMO DO INVERNO

Folhas caem, nuvens passam, o inverno se aborboleta.
Agarrei meus dias como fruta madura caída na relva,
como sardinha na boca da gaivota flanando sobre
as letras da ressaca
e o semblante da costa engolindo as ondas em fúria.

Há que existir o dia quando me disserem: "Colha",
eu plantarei e plantarei sem nunca parar para colher,
livre dos prejuízos e do egoísmo.
E quando a lua se pregar lata redonda no espaço,
astros seremos todos os que a terra habitam,
e os poetas serão definitivamente desnecessários.
Nesse dia de abscissas,
dia diagonal decorado de espelhos arabescos,
avarandados
descortinados
de laranja virado, trans-azul
existirão felizes aves avicenas vidrando os faróis
                                        [das ilhas
e ecoando seu grasnar confuso nas rochas que se
                                        [dão beijos ao mar.

Sarar é próprio do sal.
Folhas caem batizando o inverno.
Dia aberto como azul-regata:
e podem as gaivotas, num desatino de tempo
viverem suas vidas inteiras,
e o incoerente do meu peito ir secando ao sol,
desfraldando as bandeiras e a caligrafia da vadiagem,
fazendo transnudar o temor,
elogios em que os desenhos da tarde trançam-se
                                      [em abóbada,
luz, doural e semivogais paradas no ar,
para serem grandes profetas da imaginação
todos aqueles a que um dia como esse se destinassem
                                      [aventureiros.

A fé se parece com um tapete ornado nômade.
Os tronos são as mentiras que não quero para mim.
As nuvens passeiam como num eterno parque de
                                      [diversões.
O canal deixa a maré entrar alegre.
O dia limpo lambe e se lambuza com sorvetes de
                                      [safira.
O sol cor-de-saibro refrata-se, refinado, ao desenhar
                                      [o remanso das ondas.

– Vento, vós que sois da forma exata do mundo e
                                [de suas curvas,
dizei-me, em que cota o mundo se inscreve?
– Dizei-me onde está a paz para quem é discípulo
                                [do vento?
– Dizei-me que, para quem está em busca, nada
                                [é por acaso?

Resta o desflorar como exercício de camadas,
o desnudar como ofício da palavra.

Se já estamos escritos, não sei.
Se já estamos na sina, também.

Mas o inverno avança!

20-21/01/2013

BREVE BALADA PARA O DONO DO MUNDO
(OU PARA A MINORIA DONA DO MUNDO)

Sou poeta.
O máximo que posso fazer
é te causar um pequeno desconforto.
Mas se eu começar a incomodar,
pagas para me difamar ou me matar.

Sou poeta,
e tu és o dono do mundo.
Sou poeta.
Sou nada para ti.

Tu que me empurras tua cultura goela abaixo.
Tu que me empurras tuas notícias todos os dias.
Tu que me fabricas guerras para vender a morte.

Sou apenas um poeta,
fabricador de ideias, palavras e sonhos e outonos
                                        [flamejantes.
Para ti, não sou nada.
Poeta é o perdedor que foge da vida, foge da luta,
                                        [não é mesmo?

Mas da tua luta
que oprime e bombardeia um povo,
isso mesmo, vulnerável
e cheio de vida, um povo que merece
ser explodido só por que vive em cima de petróleo,
nessa luta, o poeta de verdade,
vai apenas usar a palavra,
sua mais vigorosa arma,
palavra que também pode fazer
sangrar,
palavra-espadachim,
palavra-AK 47,
palavra-resistência,
que o poeta usa para te apontar:
– Covarde, mercenário, tu és o dono do mundo ...

2011

BÚSSOLA

É que me vem cheiro de algo novo
de nascer acordado.
Sinto a estação aniquilada e vou ser certeiro.

Tenho amor,
e tão certo estou de que o profano
é o simplesmente humano.

Vou lançar mão do brilhante aluvião de memórias,
e ser um só para frente,
buscar amor no coração-lixo,
benzer-me animal anômalo das pradarias e dos
                                            [trigais,
suspender o tamanho da tarde
numa bola estranhamente bela sobre a cabeça
içando meu coração barcaça atroz do um quarto
                                            [de lua
torto herói maltrapilho que é o sol peneirado em
                                              [mata
que as crianças todas do mundo vão reunir a
                                      [rebelião do riso,
as estradas serão sem fim,
os entroncamentos serão raça,

a fé errará, pois já estará acontecendo,
premiando o justo, destruindo a fome,
encharcando o medo com magnólias prementes,
cicatrizando as chagas em forma de nectários bem
[beijados.

O fruto será delicado,
o sempre, ente cavaleiro,
a vida, encanto difícil de acreditar.

O grave é acordar.

O enredo: verão definhando.

Os castelos: mentira.

Os muros, todos a cair.

Bússola, descontrolada,
porque o outono já vem!

9/03/2012

CANTO DA IGUALDADE

Chega a notícia dourada do vento,
chega de ser quem já fui.
Chega o sol nas cortinas lavadas,
luz lânguida quente no frio a morder invernos
                              [translucidez,
luz paz intercedida e brocada de cristais amenos.

São cabelos e terrenos baldios em que nasce
o mato pequeno.
É ressaca batendo no peitoril do continente costeiro:
chega.
Chega de molho e sal.
Quero a sorte inteira da semente,
o gosto das colinas lavradas de matéria e silêncio.

É o que nos permitem garrafas trazidas
pelo mar,
o destino do bronze doce no horizonte
contra o azul-roxo da entrante:
maré subindo em forma de cadeiras alinhavadas
                              [que avançam.
Vamos parar por aqui.

Somos estranhos trazendo o planeta nas costas,
ultrajando a natureza passageira de nossas
[lágrimas-filhas.
Vamos transmutar por aqui.

Chega a notícia dourada do vento.
Onde estão os famintos agora?
Onde estão as perguntas sem resposta retidas em
[segredo pelos poderosos?
Onde está o leito para beijar o peito e as costas
[dos sem-teto?
Onde está o corte para abençoar os deformados?
Onde está a cólera para amenizar a santa crua
[fome?
Onde estão enterrados os diamantes da escassez
[fabricada,
produto usurário de quem muito tem
e nada pode parar de satisfazê-lo?

Vamos parar por aqui.
A promessa é cristalina para quem quer ver.
A promessa era a de todos com as chances mesmas.
O sangue dos jasmins era penetrar o golpe digno
[nos tronos
dos reais governantes, homens-capital,

que põem e tiram seus fantoches dos palácios,
ricos esganadores da promessa
em suas altas colmeias de janelas sempre fechadas.
São eles que compram o inverno.
São eles que na cobiça de se perpetuarem,
replicam bens e esperanças faturadas e uníssonas,
cirandas capital, aprendendo e reaprendendo
a construir e destruir mercados em questão de
                                            [segundos.
Sim, são nuvens as que eles entendem,
nuvens duras, estéreis,
validadas em mentiras esquecidas,
reiteradas em verdades repentinas,
oportunizadas nas distâncias feridas e não curadas.

Vamos ficar por aqui.
A força da espada não combate a da palavra.
As tramas e as fechaduras mais difusas não subjugam
o galope do vento.
Chega.
Chega a notícia dourada do vento,
o crepúsculo em tombo de rosas,
o líquido da esperança intransigente.

Se você me cavar em cicuta,
sempre haverá outro e outro e outro.
A agricultura já está perpetrada por mais que você
escamoteie-se em formas e títulos, amalgame-se.

Vamos ficar por aqui:
seu jogo tem cartas marcadas.
Você sempre ganha.
Mas resta uma pergunta: até quando?
Chega a notícia dourada do vento.

29/07/2013

CHUVA VIAJANTE

Da chuva, tenho o beijo:
dropes gelado e saboroso.

Da gota anil escorrida,
tenho o perdão.

Da amendoeira em úmida nota,
tenho as distâncias entre os desertos,
entre o mar cor de chumbo que prepara a tempestade
e a doçura da infância.

Os cais brigam calmos com as ondas,
as esperanças navegam lindas, senhoras de si,
o ouro verde desce pelo seio,
longitude da chuva do seu olhar,
desfrute de folha e toda a cabeleira da encosta.

Para ser um pouco mais mundano,
a chuva enlaça a ressaca costeira,
e as aves podem descansar e se lavar.

Suspenso ar,
o púrpura da sua cintura,
o profundo e fundo sorriso desemperrado,
os arames das cercas que pingam,
o amanhã forasteiro,
o sangue que floresce da paz,
as nuvens para colorir o infinito,
o corpo fruta cortada delicada e desejo,
a fome da ternura em língua,
os amantes,
os atenuantes,
os libertos,
os libertinos,
o perfume da janela salpicada de mofo.

Quanto a nutrir-se de punhos,
sonhos que madrugam de tarde.

Querer asas,
sorriso a galope,
chuva vicejante.

Chuva viajante.

17/10/2011

DANDO AO VENTO

Dê janelas,
dê janelas ao vento!

Em um mundo enclausurado na potência,
não há mais nada do que peripécias patenteadas,
inoculadas de farsa
em disfarce, só a lua trama na emboleira de nuvens
                                         [diamante,
candura a meia lua,
para ser ciclo,
livro aberto para não acordar demências,
as doçuras se consomem sem dó,
no nó dos ventos tenho somente a lembrança
e são senão derrocada das estações,
o céu que escurece de repente sobre
o mar da tarde,
e pode vir ventania verde regada de faca,
o canto cristalino do sal e pólvora nas costas-rosetas
                                        [de tempestade,
o mar tocando a terra como pluma aflita,
o granizo tomando conta da situação,
e me chegam lendas de línguas até então somente
                                        [suspiradas,

inalando a tinta bastante das folhas profundas do vento,
indomado vento:
dê janelas!
Dê janelas!

Para nas águas a água cair,
sou eu nascendo do espúrio,
é sol coberto de vestidos salubres,
menos vidros para a tempestade:
dê janelas!
Deixar o vento nos equivocar!
Estragando o que sabemos,
trazendo o relâmpago na frente
correndo longos meses amarelos,
sabor exato oceano de trigo,
os sapatos mordidos de fome
nos olhos molhados de vento:
dê janelas!
Dê janelas ao vento!

Aos urros despropositados do instinto arenoso
                             [de fim da terra
batendo no cais,
das moradas quase como túmulos,
dê janelas ao vento!

A chuva no descampado,
enriquecendo a pelica nos leitos dos regatos,
o rosto marinho carregado de vento!
Dê janelas!

Ramas espessas em que se debatem os amores
                         [desancorados,
aliviando peso em forma de flor, mercadoria,
                         [pálpebra, arrogância,
suor, gerânios...
Ao vendaval, dê janelas!
Dê janelas!

A terra sangrando o doce cheiro da primeira
chuva,
por toda a parte as janelas estão fechadas!
Como acordando o rico oxigênio,
deslizando as frutas suculentas dos abismos,
dê janelas!

E logo, lapidar as safiras galopadas
de intempéries,
o vento perfumado de flancos e tempestade,
coloque o azeite dos braços e a seiva do solo
e a cera das carnes,

aguenta o barro dos costados,
já vento que traz gotas de latitude,
dê janelas!
Dê janelas!

Ao vento, quebrando móveis, imóveis,
ao vento, cântaro de alecrins,
ao vento, janelas!

17/01/2012

SSSSSSSSSSSSSSSSSILÊNCIO

Deixa estar:
a lua cheia virá de novo
do novo vento
aluci-crinadamente.
Vou ser fogo que acende a terra
escrever com os lumes do orvalho mais precioso
saído das gretas tristes e serenas,
no olhar que é verdade de caminho
risada do outono gostoso de calar
lábios, patéticos paralelos falando para a estação:
quanto amor pode o outono falar a sangue?
Quanta raiz pode arrancar uma vida no oceano
                                       [do tempo?

Gosto dos olhos altos do outono
pedindo porto,
atracando folhas de ninguém e trigo cor
do vento que começa florido e frio,
como gotas formando íris recintilantes
depois de tudo acobreado e ferido,
as fúrias acertando o foco radiado,
o poente rosa-chá,
as corolas lambendo-se de sereno:

outono chega como pirata,
saqueia a seiva e planta beijos desfolhados que
[brotam mel na procura.

Venham, aventureiros,
os que gozam de ventos imprevistos.
A pétala da eternidade somente a vós pertence,
erguendo-se párias com lua e rua e doces olhos.
Seremos imensos com o ardor e com o amanhã,
perfumados de fadiga,
abrasados como crepúsculo
a desfrutar do pão que é ser livre.

Dizer que a cada outono sou um novo com ele
[é pouco:
a brisa que se transforma em vento, forma nau
[violenta e transborda oceanos,
é a mesma que balança a folha de uva e sacode
[o temido silêncio!

9/05/2013

ERA NOVA

Primeiro,
as flores.
Tenho estado dentro da verdade delas
por muito tempo.
Tudo está certo como deveria estar.

Os pesqueiros comem luz aos graus do horizonte.
Os gatos caminham calmamente pelo deque:
outros, deitados, deixam o sol brilhar por entre
                                [seus pelos:
eles já sabem tudo o que eu nunca vou saber.

Um homem sem dor me parece algo tão sem
                                [propósito,
surpreendente como a pétala nos dedos do bárbaro,
ou um poeta sem sua caixa de marés purpurina
para salpicar o ar com pó de eternidades.

O que vem de dentro
vem sangrando estrelas.
E novamente estamos impunes,
sobrevivos, hóspedes da vida
e a cura estará na tarde cor de Vênus.

Encrencado,
permaneço nos pensamentos que me impedem
de invadir a vida, porventura,
abocanhando-a como suco das faces;
de máscara em máscara, o prêmio é acreditar
que nossa natureza foi feita para isso.

Estarão a humanidade e seus cavalos da existência
fadados à inteligência prática e comportada?

E onde estarão os ventos e os livres?

Onde estarão os que olham além de si
com a tarde embaralhando corações
como num jogo de cartas perigosas
quando o amanhã vai dar às crianças
as chaves bordadas com as tramas do céu,
colocando seus pés suaves em busca da verdade,
sorrindo com seus dentes de flores, crianças sábias
para o tempo da terra e das estrelas.

Crianças montando golfinhos na cartilagem da
                                    [Era Nova,
ofício liberado de toda a nossa casca gasta,
e a morada estará nova a cada pôr-do-sol,

como as dunas, que, operárias dos ventos,
nunca estão no mesmo lugar.

Estaremos livres!

31/05/2014

ESTRADEIRO

Naqueles dias loucos
comendo nada
ânsia desvelada
na lua, meus olhos nariz e boca
regurgitando os muros da cidade
fazendo papel de são
papelão de poeta desvirginando a solidão
mentindo horrores para o amor
para longe do destino
guiando-se apenas pelos girassóis estradeiros

Extra-amar para quem viaja a perdido

Meio arco cravado de lua no espaço

Vai dizer que tem paz.
É só continuar na lida
só buscar as emboscadas que não mentem
os planetas, nos bordéis-cortiços, batendo no chão
as crisálidas purpureando a madrugada
cantando com o orvalho doce, adagas do prazer
agarrando forte na crina do medo
e ainda assim desafiando asteroides

e à boca de carona em vendavais
o galope certeiro dos dias loucos
comendo nada
mendigando brilho nos submundos
crente de que nasceu na sina
ânsia desvelada
a buscar um tonel dourado de paz.

Precisamente preciso encontrá-lo.

7/12/2011

FLORES E MÍSSEIS

Eu estive lá.

Lá onde as acácias riem sangue
e as damas-da-noite exalam corações como um ar
[de esponja.

Lá onde a greve de crianças
alimenta os infelizes e os mercenários.

Lá onde a nuvem
é punhal de benção na chuva.

Lá onde o ponto final faz ziguezague na mente
[dos conformados.

Lá onde intrincam-se o bem e o mal
e a guerra é o maior negócio do mundo.

Eu estive lá.
Lá onde somente os poetas podem ser nada mais
[senão livres
e a solidão circula as melhores notícias.

Lá onde é o porto que navega mares
e os ventos confinam o gosto da mulher amada.

Lá onde a flor é eleita instância máxima
e os sentinelas reverenciam-na com elegias sensíveis.

Lá onde os mísseis são deuses e fazem a caixa
                              [registradora
tilintar frutíferos dividendos para sua minoria.

Ou se vive, ou se vive. O tempo festeja
o ritmo das ramagens curvadas pelo vento da chuva
e a história parece premiar o usurário
por mais que as raízes teimem em romper a terra.

Eu estive lá.

Para se achar, a alma se perde mil vezes
em sudários lavados a seco pela eternidade afora.

Eu estive lá.

Dormi na linha do mar
como um regato de praia.
Despertei-me leito de cristal e poema.

Abracei-me a todos os seres vivos
e a estrela estava lá. Espelho de fogo
das primaveras feridas.

Eu estive lá.
Inteiro e aos pedaços.
Sem tapete
ou almofada.
E lá todos sabiam que preces abrem alas,
alamedas estreitas de flores fustigadas
acompanhadas pelo sigilo do vento.
Vento solo com olhos curvos e doces e cruéis.

Eu estive lá
E posso dizer que o desenho de nossa era
quer-se à flor,
por mais que os doutores do dinheiro
talhem-nos de mentiras e ilusões
e se alimentam do veneno em nossas veias.

Posso dizer,
eu estive lá.
Posso dizer
que o desenho da nossa era sabe-se a flor.

2/07/2014

ULTRAPASSAGEM

eu
que tenho todo o blues do mundo dentro de mim
como que traficado e forçado em cativeiro
como vaga desalentadora dos refluxos da tarde

eu
que no corpo corre a eletricidade das tormentas
o pior mar de tufão que se pode enfrentar
o estranho que passa caminhante pelo mundo
o mais fluido azul-marinho-língua-de-serpente

eu
que tenho toda a solidão do mundo
naufragando praças desertas
sem cheiros e sem crianças brincando
brilhando minhas asas que não me tiram do chão
sou arremessado às vastidões e aos corações que gritam

compreendo que os monumentos são feitos de
                              [prudência
e que quem constrói as melhores edificações,
                              [dificilmente
um dia vai nelas morar

e que os comunistas, todos eles o são somente para si
e que os capitalistas, o são somente para eles mesmos

eu quero ver abandonar-se às vastidões da miséria
por causa própria,
repartir o pão em pedaços idênticos
repartir a alma em amores sem cortinas
reparir os inimigos e lutar junto a eles contra a chuva
abraçar os sapatos usados e trazidos pela maré
liberar-se do conforto dos recalques
espelhar os abismos e rir deles aos gargalhões
derrubar todas as janelas e paredes
deixar a noite entrar irisada
como um farol suturando as meninas prostitutas
beijar o maiúsculo das miragens dos mendigos
cravar um escorpião em seu próprio coração de
                    [veneno poção
parar para que os lábios gozem a cerâmica arabesca
sentir o verdadeiro naufrágio dos crepúsculos
                          [derrotados

quero ver com que mentira continuarão defendendo
                    [suas ideologias de butique
quero ver quem vai varrer a sujeira toda depois
                          [da festa

quero ver quem vai filtrar o outono,
destilar o inverno e macerar o aroma da primavera
quero ver quem vai respirar as veias e as valas
quem vai colher as lágrimas germinadas, premidas
                                [de ocaso e fruto
quem vai alimentar a aurora com as proporções dos
                                [caules e raízes

quero ver quem vai pegar o vento dos pés e sair
          [caçando o punhal transparente do desejo
quem vai pegar a fumaça das palavras e erguê-las
              [como um bordado louco e livre
quem vai pegar as gramas construídas, impalpáveis
a identidade das aparências
o prelúdio líquido e espesso das muralhas
as etiquetas inúteis do seu amor comprado
a vigilância das bibliotecas inquestionáveis
                                [e aposentadas
a ilha dos lábios prontos e consumistas
a fúria e as vertigens da fome
o voo do mundo repartido na opressão do preço

vejo o prelúdio da ultrapassagem
vamos beijar a lapela da primavera
esse é o fim próprio das estações e dos emblemas

o sopro da frase
a brisa perfume de jasmim
o verso destronador de sentenças

agora entendo a extensão da liberdade:
ela continua, sempre e somente, um passo adiante
[de nós

27/09/2011

JORGE É CAVALEIRO

Caminhando sobre as estrelas
Jorge corta a noite na bainha
desfere o golpe protetor
garante a lua em arco migrante.

Sou e sei teu caminho sereno
tua lança contra a injustiça
tua espada abrindo caminho na escuridão.

Jorge carrega a sanha de ser o vencedor
atira-se de cara na luta
e assim limpa o homem
de seus caminhos violentos.

Sou e sei
com a tua fé que age a galope
com os tambores do deserto
caminhando firme na tempestade de areia
no ritmo dos justos.

Segura a lança abrindo caminho
nas tormentas
escudando-nos das tramas e dos traidores.

Saiba que o Santo cavalgou
muita areia,
e vai sentinela e em silêncio
cortar a névoa
cantar o verso
ser o primeiro
descer com o sol e subir com a lua
remanescer os olhos finos da tarde
lutar pelos portos verticais
brotar o girassol e o damasco
seguir a mentira e destruir as vidraças da arrogância
invadir o perigo
libertar todos os pássaros e cavalos
ultrapassar os itinerários.

É só chamar seu nome.
Jorge, salve!
Salve, Jorge!

Abril 2011

LUA LEVANTE

Redonda quando pariu-se a leste
desabrochada de pétala e pústula em chama
maruja às altas marés:
meu lugar é onde estou
quando a costa toda em prata sorri ultrajada,
prostrada.

A leste, sangue verte quando irrompe.
Dá a certeza da cascata de raios pratas,
vestida de nudez, calçada de liberdade.
Põe os pés nos beijos irremediáveis com que o silêncio
sideral esmaga-se de transparência.
É dama nova para os homens-multidão,
açafrão para os textos corridos na areia,
vinho branco para o fogo das ruas erradas,
amor para o infiel nos lençóis mais passageiros,
fagulha para o compromisso ritmo do suor
canto para o jasmim cheiro de madeira e pele ofício:
conhece os homens e seus desatinos.

Cheia e prata para ser quem é,
leito celeste dos amores de partida,
do silêncio com que as folhas são o coração nesse
                                                          [outono,

na guerrilha-existência,
no líquido que se atreve escorrer de nome poesia,
no insulto que é nosso em manter a claridade em
                                        [um mundo
farsante,
na culpa da lua, fogo, frio, fugidia,
primeira a leste,
ser a cor do crepúsculo,
ser o sinal para a nau perdida nas ondas,
ser o que arde, o que constela, o que arrepia
o que destrona , o que descabela,
o que conhece o que vai ainda ser conhecido,
o que irrompe das bestas de carga modernas que nós,
o que desatraca, o que rebenta paredes, o que goteira
o que florido para a criança,
o que propaga e realmente importa,
o que deslumbra-se orvalhado,
o que insurge em nossos peitos,
o que restaura a verdade:

Do que se esquecem os poderosos,
do que voa nos vagabundos,
do que luz na pracinha deserta-nua,
do que consubstanciante dos realmente eleitos
                                            [de pureza,

dos que palavram o palavrão que é ser livre,
dos que amedrontam o poder com os olhos
                              [faiscantes,
dos que promulgam a direção nova dos frutos
                              [outoneiros,
dos que nada prometem e derrubam reis,
dos que navegam águas incendiárias e beijam
              [o estio com a língua das auroras,
dos que penetram por entre as rachaduras com
                    [o silêncio guerrilheiro,
dos que perguntam o que não deveria ser perguntado,
dos que semeiam a abóbada da tarde morna com
                 [a matéria do brilho e da bromélia,
dos que oxidam o que já mais do que oxidado,
dos que sapateiam sobre o mar da meia-verdade,
dos que golpeiam as raízes e arrancam o prego
                              [da exploração,
dos que hemisférios da loucura aprontam existência,
dos que voz dos excluídos, sem pátria, párias, poetas
cuspidos na força do capital, dos rasgados,
dos com frio e fome e sem orgulho,
dos ausentes, dos feridos, injustiçados, sublevados,
                         [abruptos, papoulas,
perdidos,
elas que fazem pista, infâmia

dos sacudidos de vazio,
dos pantanosos de vida-marquise, mendigos
    [ajasminados, jesus cristos maltrapilhos,
dos esquecidos e desterrados, substratos, beirantes,
        [transgressores,
germinados, súbitos, súditos, frutos, sujos,
encarvoados com perfume longínquo que chega
        [do mar de chuva,
os desferidos os castigados, os famintos, os de luz,
      [os que odeiam cochichos,
os que se assumem imperfeitos,
os que ainda não comeram hoje,
para todos eles, levante.

Levante.
Culpa da lua levante,
levante, levante lua.

Maio 2013

LUA CARAVANA

A lua bateu a brasa do cigarro
derrocando o sol
e lambeu-me libélula ditame
tecendo-se, ela, laranja-prata nu
crua manha no estertor da hora desce.

Vai ela, lua, e seu enxame de estrelas-ímãs
perpetrar o adiante diamante
caravana que parte em direção
aos corações trambulhentos.

A lua, culpada ela
retirou-me o que tinha de ingênuo
e me deixou nu, no meio da rua, para o resto da vida
para o resto da vida, caravana.

Vamos nos ater
aos incêndios refratando almas almíscar
às putas revirginadas, transluzidas
ao anoitecer deixando de ser máscara
ao desajustado de mim aparecendo nostálgico
                                [nos penhascos
à lua como imperfeita possibilidade de lar.

Segue em caravana, culpada ela
e tomo o prata viajadeiro
os olhos imensos da lembrança
o perfume das pernas lâminas
as vísceras da transgressão silenciosa
o lado oculto bérbere do esperar
esperar dentro do nada.

Sim, passa a lua, passam silhuetas, passam corsários,
passam irmãos, passam os cães, passa a animália,
[passa a carga,
passam, passam passos.

Nômade natureza achacada e sem âncoras.

A lua, culpada ela
a lua, caravana.

Maio 2012

LUA DE DIA

Dei um tapa na cara da tristeza
e ela sorriu pra mim, prostituta desgrenhada
resoluta, tanto quanto o absoluto banho de sol
que a tarde toma,
sabendo o antemão das distâncias,
dos temperos.

A tarde teima com a lua excêntrica
insistindo no entroncamento do azul celeste,
inconteste, honesta e mártir
para colorir a tarde,
lua transpare-seda,
escudeira com seus raios diamantinos.

Agora, já, vindo o vento noroeste, traçante
jornada pura
eu tão impuro
da tarde que teima
lema dos peregrinados que alucinam,
rumam, remam, arrebatam,
tomando as chaves da loucura nas mãos
para subir a tarde de cem mil tristezas,
forjando o aço do meu coração colossal como batalha

e trama,
pegando a mulher amada pelos braços
tempestade vindo em vento
atrevendo telhas e encurtando os galhos.

Nesse vendaval
sou mais
sou inteiro lembrança de amores borrados
telúrico de me atar todo ao seu semblante de amada,
                                           [negros olhos
terçantes, profundos como o mar mais alto
na dança sensual das ondas crepitando ao vento:
nada mais de tortuoso agora,
a paz da lua de dia
abrindo e torcendo o anil desdobrado, perfumado,
                                             [aprofundado.

A lua transparente faz o céu parecer ainda mais
                                           [teimosia,
estiva, esquiva,
e tudo mais o que for de amor descascado em
                                           [camadas,
pele sobre pele
como em sarja, à distância, tecendo-se as estradas
                                           [até o horizonte.

Se ontem foi o horizonte de hoje,
agora é o nunca eternizado.

Horizonte, horizonte, horizonte... Por quantos
lugares passei como estrangeiro,
sempre estrangeiro?

Mas estrangeira, mesmo
é a lua,
diurna,
que se adiantou em pleno céu anil.

4/03/2013
Escrito no Corujão da Poesia, em Ipanema

LUA IMANTADA

Lua imantada
peregrinada
detém-se a boca da hora
percorrendo a maciez da escuridão
voando sobre o resto de inverno.

De partir todo dia em viagem.

De repartir com paciência a luz
em todos os lugares que chega como andarilha
[desconhecida.

E novamente parte
em parte bênção, em parte errante,
desembaralhada bailarina
morada caminho da noite prostituta.

Finalmente descansarei:
sei que amanhã ela vai voltar
e bater-me à porta com luz.

LUAR ALADO

Luar alado
alado luar
para quem fica aqui embaixo
e para quem vai a translado.

Luar alado
alado luar
vamos viajar, nós,
fenômenos abandonados
quebrando todas as louças burguesas,
abnegados
e sem castigo.

Luar alado
enchendo o frio
botequins vazios
e algum *rendez-vous* aceso na escuridão:
devora a lucidez da beira de estrada.

Luar alado
amortiza o sacolejo dos viciados
alucina os poetas, os amotinados
e se deita aos terrenos baldios.

Luar alado
suga as máquinas que inventamos
locomove os insanos de encontro à fúria
brinda o brilho confuso
o suor da puta no ofício.

Luar alado
estraçalha os cubículos sórdidos:
os construídos
os da alma.

Luar alado
arroja-se como uma lâmina de luz
transmuta-se desejo alijado
vai querer ser alimento tétrico dos famintos.

Luar alado
ilumina as pústulas mais sagradas
crava o espinho salgado das despedidas
trai a fibra, matéria do dia
beija a certeza dos loucos.

Luar alado
prazer na trama dos corpos
perverte a origem, própria imagem

sabe o opaco das ruas
confunde silêncio com fé.

Luar alado
que não se entrega
lívido fóssil da saliva.
Vocifera e despenca,
mas alado
nunca vai desistir de voar!

12/02/2011

POMAR DE LUAS NOVAS
Ao resistente povo palestino

Luarada:
cargas passam
e oriente desde já.

Para que confessar o que já está tão acordado?

Somos os derrubadores de paredes,
os sinos dobrados anunciando passarinhos.

Morar no mundo é como bater asas de cristal
onde as telas mais belas,
o deserto faz ao entardecer.

E quando a lua sobe e refresca
os olhos com seus cavalos de brilho,
e os lábios da fêmea
com pequenas palavras do gosto do damasco vêm
          [nos acariciar,
é que podemos ser livres e caminhar na cidade
          [abundante do instinto:
lastro de ouro passará a tramas laminadas de orvalho.

Lua
luaradara encaminhando o novo mundo
que pede à justiça, o argumento igualitário
arrombando portas,
o que de saída a bússola não mostra.

Somente o luaradaral,
pomar de luas novas, brotará contra
as farsas e dará ao homem que toma, sementes
de vento e de romã morena,
para que ele, em sua sede, horizontado
de ganâncias,
possa cair por si mesmo:
porque se ele aniquila a quem também ele mesmo
                                    [explora,
só restará explorar a si, moto contínuo
até sumir inteiramente.

Mas pior do que o homem que toma,
muito pior, e como coiote à espreita da carniça,
é aquele homem que, entre nós, por pura covardia,
justifica e defende o homem que toma...

Luaradaral, luaradaral!
Pomar de luas novas!
Dois pesos e duas medidas,
isso um dia vai acabar.

Luaradaral, luaradaral!
Pomar de luas novas!
Quem defende o homem que toma
vai cair na própria armadilha.

Luaradaral, luaradaral!
Pomar de luas novas!
Fanfarreie homem que defende o homem que toma:
as luas novas já estão por aí!

As novas luas!

6/11/2013

MAIO

Essa luz de maio cai em mim qual um sonho
muito doido de que acabei de acordar: vida.

E o hediondo sonho acordado me diz:
vem seu otário mentiroso que eu vou te pegar.

Vejo o cabaço do outono
entrando em si mesmo
dez mil vezes para dentro.

Hoje eu estive no entardecer de todos os
apartamentos do mundo
apontando para os cardinais inteiros
de uma paixão mal resolvida.

Quando aquela lua fria
me apontou solidão no céu,
lembrei seus olhos,
únicos, negros.

Só posso te conhecer
tempo e solidão
no aluvião das esperanças desempregadas

e mesmo assim
liberto demais
demais o corpo abandonado
lá fora, na rua.

Agora vou te dizer:
– Fui eu quem chutou todas as latas da noite
como um maldito maltrapilho
com o cabaço do outono ainda quente,
pingando das mãos ao chão.

23/05/2011

MISSISSIPPI

Diante a vastidão do Mississippi,
apoiado em seus parapeitos quilométricos
pude ouvir sem beiradas,
palavras recortadas em negrito
palavras que ouvi no silêncio barulhento da mente:
– Sou um vagabundo em qualquer lugar do mundo.

Diante a vastidão do Mississippi
ouvi o duradouro dos séculos
como as primeiras aulas que o tempo serve na
                              [bandeja da vivência
e a alma dizendo o que está há muito, muito
                                  [tempo dizendo.

Diante a vastidão do Mississippi
apoiado na mureta das margens, olhos na distância
num único pensamento translúcido,
limpo e azul como o volume imenso de água resignada
deslizando preguiçosamente em direção ao delta,
ouvi uma voz soprar por dentro do ouvido:
– Sou mesmo um vagabundo em qualquer lugar
                                [do mundo que eu vá.

No instante,
milhões de almas azuis reuniram-se.
Juro que não tenho mais me metido em confusão:
minha paixão está mais calma.
Os pensamentos, confusos como sempre
mantendo-me ocupado demais,
sempre procurando uma nova saída.

Nas margens do Mississippi, calmaria.
Os calados dos navios manobram a curva
do velho, manso rio.

Próximo à margem,
aves habitam o assoalho terroso
saciadas ou esperando a hora certa de fisgar
seus peixes,
bem onde o gigante perdeu o pudor
e quase como que tocando um Dixieland de bordel
deixou, como rendas e cintas-ligas,
seu leito aparente.

Enquanto que eu
aprendiz dos aprendizes
não fixo um sequer saber em quem sou.
Sou o pior dos aprendizes

pois que me falta deslumbre,
sobra-me pó dos tempos.
Tenho o consolo dos milenares meretrícios e dos
[clarinetes
com seu som agudo-amadeirado.

Mississippi
pai do pai das saudades
caudaloso manso azul
roçando seus ombros nos diques
soprando trompetes amanteigados quando desliza
[sob os deques
driblando seus ancoradouros no entardecer.

– Diga-me, ó imenso velho Rio,
quem vive de alma, quem vive de orla, quem vive
[de margem?

– Ó grande Divindade! Um dia quis ser perfeito
e de perfeito, o que me sobrou
foi a mais completa correnteza,
a mais luminosa desastrez. E você,
grande e manso, carrega sem peso
águas imensas e amontoadas.

E ele me responde:
– Estou cansado. Venho rolando como línguas
                [epilépticas a milhares
de milhas. Agora estou por pouco dando-me ao mar.
Quantas canções ainda para serem carregadas
                [correnteza acima ou abaixo,
junto a corações partidos terei?

Seus navios passam carregados de cereais, talvez
                      [minerais.
A lua,
completa de círculo,
surge, bem na direção do delta.

Apoiado em seus parapeitos,
não me sinto mais um vagabundo:
sinto-me amado, sinto-me lugar,
sinto-me novo de novo.

Quantas luas estarão entre nós, novamente,
                [ó Mississippi ?
Eu, diante sua imensidão
e você, escorrendo águas marinhas, pedras de
                [água azul,
doces lâminas de abandono?

Ei, a vida é só de partida.
Cada dia uma nova vida.

Assim assina o Gigante azul.

Nova Orleans, 13-27/09/2013

NAVEGANTES

Círculo de prata lavado, lua
cava o azul anil céu
com a lamúria própria dos navegantes.

É que desancora o barco do dia
já deslizando longe
botando o sal gasoso
da maresia por púrpura desacordo.

Vamos
a abrir os veios das rotas impuras como quem teima.

Teimam os que
mais, tramando a teia das palavras,
vieram em missão de ver e falar.

Puxo as redes e cardumes de estrelas
e poeira das eras, estão-me às mãos.
As fragatas todas
que um dia navegaram casadas
a marujada cansada de guerra a içar velas,
estão-me aos olhos.

Aldebará: não se atrase nas profundezas da galáxia:
rasgam-me ao peito incalculadas bravatas:
zarpar é ordem do coração-borboleta.

– Que mistérios podem ainda?

– Que balcões podem ainda rasgar os cascos
dando água, engolindo as almas?

A aceleração das órbitas engolfando de preamar,
a laminação das ondas,
a safra de estrelas salpicando as taças do céu
podem assistir por entre onde entra o quarto crescente
as primeiras notícias do arrastamento das correntezas
como camadas esponjosas de coração sem hora
como a imensa língua de mar
levemente esgarçada adentro das enseadas,
como as tatuagens velhas nos pulsos do tempo
a meio cálculo das rotas quebradas
da teia que insere incursões de marinheiros lascivos
nos *rendez-vous* feridos à beira-porto.

Quando são, mar e céu, um só:
navegantes.

21/01/2014

O OUTONO QUEM VAI DIZER...

Muitas das melhores mentes do meu tempo
estão vendidas,
e a velocidade dos séculos funciona como
uma combustão incessante.

A verdade é cruel: ela vem como um trem
[descarrilado
e quando você achar que o peixe está fisgado,
ele dará rabanadas espetaculares até alçar,
na última hora, sua fuga como rota de liberdade
[do poema
improvisando e salteando em meio a pântanos
[de farsas,
enquanto uns poucos dominam e
muitos concedem o melhor de sua alma a servi-los.

A lua nunca vai poder ser sua
nem se você a comprar
mas eu-poesia posso ser da lua.

Quero escrever com o tronco arrancado sem
raízes,
como a madrugada solta no crespo do vento.

Já sinto o outono penetrar em todos os poros
como coragem feita de fúria e medo,
vendo através dos tempos
os versos itinerantes, caravanas, inconformados,
 [rebeldes.

Esse é um tempo de várias formas se tomarem como
 [liberdade,
mas, cuidado: são liberdade farsantes, hipócritas.
O sol nascerá apesar de todas essas escapatórias
e o ludibrio será engolido por um firmamento
 [amoroso,
através dos cabelos negros do mês de março em
 [promessa.

Regatos límpidos, como a luz primeira da aurora,
caminham serenos e firmes em direção ao mar
como o dique que aguenta a violência de um mar
 [inteiro
chegando dos quatro cantos do globo,
como a vitória alcançada em paz
e florida a madrugada clara dos avantes.

Avante!

O outono quem vai dizer das palavras que surgirão
                              [na verdadeira liberdade.

Avante!

O outono que vai dizer.

25/02/2013

OCEANO

Oceano maior que o mundo
toca minhas veias
lambuza os diques entardecentes
ensandece os corações cheios de certeza
invade os lares e as heranças:
meça o imemorial dentro de cada ser.

Oceano réptil maior das lembranças
compactando as linguagens onde estou quase uma
                            [vertigem aniquilada
das águas que vão abrindo suas escamas,
e nossos torpes temores
abrindo-se como borboletas vidradas
afrescos ácidos
para caírem as mentiras guardadas a sete chaves
                            [de ilusão
no chão fundo do oceano
e vou me abrindo como lágrima itinerante e bela
no doce sabor de mais um dia menos um.

Resta encher-me de sacrilégios e sortes cores.

Oceano engolidor de espadas e do fogo,

guerrilheiro criança sem direito a envelhecer
rogo suas infinitas lâminas sobre lâminas
vamos caminhar o rebolado das ondas
guardar os anúncios costeiros das marés
a corda-bamba beijada de naufrágios e constelações
honrar, começo sem fim, fim sem começo,
mar, instante do sopro
pulsando pomares improváveis de corais
rito a que estamos estado
oceano, meu saldo
intempérie eternamente incompleta
cama entornada de amores devassos:
melancolia devassa.

Junho 2012

ONDE ESTAMOS?

Sou aceso
ilusão floresce casta
basta de sofrer e correr
o sorriso da flor é tão mais belo
que pudera um jardim segredo
e o quintal de pecar sem dor!

Somos isso e o infinito permite
o intracentesimal desejo de percorrer só de doçura
só de sedoso
só sou.

O que mais querer de você?
O que mais saborear?
Labor das nuvens que sobre nós
dizem-nos sempre:
anda, anda
e o fim, desconheço.

A face alugada para mim e todos.

O braço do espaço sideral se comporta
como deve ser: via e lar,

luta, paz, explosão, loucura-doçura
e alguma esperança para continuar!

15/06/2011

PALAVRA ABERTA: AZIMUTE
Para meu avô Jorge (Jurja) Nassaralla

O poeta é aquele quem engoliu a lua mascateira;
tem as tardes mas há de vagar,
beija como as rochas arrebentadas de mar
no desespero calado de estar ali, quebra-mar
antecipando a sorte eterna de ser ancoradouro
                                      [para o mar,
ser ferrugem verde e vertigem dos amadores.

A esperança – herança e prelúdio,
está no castanho negro de seus olhos
que vêm para abençoar a palavra ametista,
esperança que bate forte como meu coração
de passarinho novo.

Vou ser na palavra aberta
no céu rebatido de vermelho invertido,
crispado como um mar às avessas
iluminando as pontas de suas ondas
com o rubor das semivirgens estrelas ainda por
                                      [querer o desejo,
ainda sem se saber tremeluzidas em sua saga constelada:
e por que não?

Sou o mascate vagando pelo mundo
que veio te vender a aurora com cores e dores,
alma deflor, perfume de lua gazela para os
                    [homens sedentos:
só o poeta e o mascate podem encarar a descarada
                    [tarde pela frente,
a profissão descoberta para a liberdade de fazer
                    [seu caminho,
serem os gigantes da solidão,
tão fácil como o futuro se mostra numa confusão
                    [de destinos sem importância,
e as fotos envelhecendo dentro dos cadernos,
última instância, esquecer para se lembrar do
                    [que realmente revela
a tarde e todas as suas lembranças em forma de
                    [fotogramas paralisados,
somos nós viajantes irresponsáveis de nós mesmos,
simulando êxitos perante o tempo,
sonhando o brotar dos pomares quando inverno,
as flores cheirando no crepúsculo.

Sigo a palavra aberta,
o adubo eficiente dos que tarefam caminhar,
o caminho duro quando as estradas recortadas
                    [tornam-se crochês

TARDE EM ARABESCOS

e tramas ao azimute,
mas, seguimos, tarde da noite
nas probabilidades lançadas mais uma vez pela
                [roleta dos astros,
seguimos tarde das tardes, profissão
inexata do vagar,
mas assim confrontamos o que é tido por certo,
porque nós,
nós temos uma pequena mula e malas, e nas malas
temos um tesouro:
temos orvalho, flor de figueira, girassóis, lua todas as fases,
o outono descabido de si mesmo,
a noite e o deserto, o perfume das frutas,
       [a jabuticaba negra de roxa,
as lâminas do sabor,
as línguas para serem inventadas em si mesmas,
a história para ser recontada, agora com justiça
                    [e verdade.

Pela vez, azimute,
caminho e destino,
só o poeta e o mascate podem encarar toda a
                [descarada tarde pela frente.

2/07/2013

PERECÍVEL

A lua que ando é a lua livre
lua incerta
perecível.

Toma barlavento, nua
e vamos, poetas encrenqueiros,
a lutar batalhas derradeiras.

Espalha seu ofício
diamantada lua
azucrina a neblina
lubrifica as revoltas marés com sua linha
de equinócio.

Eu sou rápido como o fio da navalha
certeiro como os dias curtos
para cantar as palavras que ainda vão existir
singrar estações que ficam no quase existir
insistir que posso um dia vir a acreditar
e apostar na crisálida minguante lua rútila,

porque sei que o perfeito existe,
por mais que me debata tentando tateá-lo:

somente entrar na sua esperança desmedida
socar a luz da lua com cristais de açucenas
repatriar os devassos do mundo em uma cor demente
invadir com crianças todos os mundos adultos
participar a ingratidão com orvalho tinto
suprir o amor com o desatino dos mendigos novatos
suportar a barbárie dos ventos que babam de
                                      [impossível,

que somente a purpurina noturna dos amantes
fabrica o destilar da embarcação que chamamos vida.

10/10/2011

PÍER DRAMALHÃO

O céu potável já me entra inteiro goela abaixo;
aqui, pode o píer se dar conta de sua linha reta
dentro do escuro.

O último acorde do verão
entra cheio de dissonâncias e encontra o céu férias
                                                              [de menino
para quem as canções eram perfeitas e dispensavam
                                                                            [destinos.

Para ser de acordo tácito,
o mar e as pedras do píer dramalhão
arrebentam-se, última lambida
que sobe pulverizada aos ares
e aterrissa como chicote no solo.

As ondas que estouram na pedraria
fazem sua parte e vão encurtar distâncias
que buscam ilusão e trapaceiam
à vista dos barcos constantes do horizonte.

Quantas distâncias para purificar os ditados da tarde
– que cai – e a partir do leste,

o escuro vai engolindo
gentes, casas, areias, mato
e cospe o início ofuscante das estrelas,
desenhando arcanjos
e a lua escarpada que aparece círculo corcunda
na perspectiva apoiada da quina mais alta do
[muro baldio.

Do outro lado, n'oeste
há vermelhidão e o sol cabeça a prêmio:
restolho do dia.

Do lado de lá, oeste cabaneiro
desfraldando suas velas em busca de um sempre
[sol adiante.

Para quem fica, a lâmina do anoitecer avança
[pelas planícies,
e vai comendo gramados, plantações, águas, morros,
toca harpas limpas sobre tanta coisa que falta:
troca o arvoredo por uma massa cinza de escuro.

Por fim,
as pálpebras do verão deixam ver a faca
perecível dos ventos,

o baço das esperanças da cor de madeira lírio,
e o líquido das frutas que inundam os armazéns
                              [portuários,
porque zombam da pureza e da destreza descalça,
estação do sul em lento apodrecer junto à fina casca
de seus amantes.

E quanto a pertencer, fico aqui
no escuro píer polvilhado de galáxias.

Anjos de mãos dadas
tocam por dentro da hora,
herdam o mapa rascunho e rasteiro do céu.
E eles me dizem: "Somente o tempo dirá".

Somente o tempo dirá,
e em partes separadas estarão aqueles que vieram
                              [e disseram,
daqueles que se inflaram como balões cheios
                              [de vazios coloridos.

E eles, os anjos de mãos dadas,
também dizem que eu – e os corajosos – ainda
estaremos por aí,
por muito tempo depois que nos formos.

Enquanto isso, iscas de plástico, varas de pescar,
                                      [estrelas,
sonhos, cabeças de peixe
e muita onda a estourar para sempre no píer
                                      [dramalhão.

14/03/2014

AO QUEBRA-MAR

Para o píer,
sou seu filho mais derradeiro,
fugindo da solidão na dor que a beleza espessa
das marés traz,
e levam sementes para alto–mar,
para as sereias completadas de lua,
desenhando a linha marolada e amarujada e florida
das águas de inverno.

Meu jaleco marítimo
acoberta-se de centenas escamaduras do canto
                        [poeta primal,
só para ser o píer e os gatos alimentados
e o oceano de ser ilhado em plena terra firme.

Em questão de minutos lunares,
vamos sendo apagados
do mapa, as profundidades, o sal
e sou um único abalo tectônico das costas banhadas
                        [de inverno,
os corpos celestes possivelmente rindo-se de nós
e suas massas empurrando-nos uns contra os outros.

Estou de volta, píer e varas de pescar,
habitantes do direito que ninguém nos conferiu
                              [de fato.
Mar se quebra tão astronômico
tão agigantado
e o pontão atreve-se e toma de espuma salgada,
e como uma centopeia hereditária,
avança ereto às ondas:

quer ser terra onde já se molha,
resta-se motriz dos corações e força das marés.

Vou dizer do que sei apenas.
Do amor, não sei.
Do navegável, também não.
Apenas sei a distinção do mar revolto contra as pedras
amontoadas,
da natureza estranha e superficial dos homens,
das luas alquebradas e milenares,
da foz que se liberta descoberta ao inteiro do mar,
da boca da baía como espaço transversal dos
                        [primeiros e últimos,
do cálculo improvável das emoções,
dos atracadouros transbordantes para os afogados,

motivos sedimentos e oração dos portões de mar
[e terra,
as amarras para os barquinhos restantes de sanidade,
a alma da embarcação flutuando à distância na
[linha do entardecer.

Somos a chave, se formos desfixados,
somos a chave, se formos o corpo das confusões,
somos o tempo, se a chave for alguma espécie
[de liberdade e esperança.
Estamos marítimos e não vou enganar:
o caminho é tão certo como mudam as ondas
[do mar,
como andam as dunas do deserto.

Vamos plantar girassóis no mar
brotar a única nave real, nós mesmos,
sem calar o coração, único motivo para clamar
[aos astros
o sonho acordado
e dormir com o sono das esponjas e corais
e das bromélias cravadas na pedra vertical.

Água e osso nada são, apenas a diretriz acesa
[das sirenes e desesperos,

atraídos pelo quebra-mar curativo, atrevido,
língua penetrando as ondas,
e elas a reclamar
esbofeteando o bolor e os talhos das pedras.
Para permanecer vivo nos degraus da deriva,
tem-se de ter um bocado de imprudência,
e carregar o colar das tempestades.

A cura e a justiça são aliadas.

Sem mais,
o tufão tem sido meu único companheiro
e o píer lavado, o lastro perfeito dos astros para
                                      [quem quer
avançar!

16/07/2013

PÔR-DO-SOL NO MAR

Pôr-do-sol com todas as nervuras expostas
da viagem de outro dia,
de estar no mundo como viragem de astronaves
pegando o corpo fluido do verão
liberto e de partida para o coração.

Fora do mapa estou e está a noite sabida de
[prontidões.

Virgem é quem vaga no espaço para se perder
[do sempre,
ser novo a cada volta que a vida dá
a cada lua que a fase derruba:
ser novo sete vezes a cada amanhecer recortado
na luz límpida das últimas estrelas.

São-me irmãs as ventanias que anunciam
[tempestades:
corro com elas carregadas na umidade,
agarrado à música de prata e ao assovio da terra
[perfumada,
que tenho por abraço a envolvente palha fresca
quanto de vento

um lenço macio ao carinho.

E você, amada,
é quem pode para a liberdade
é quem abre para todas as loucuras que tento
                                      [esconder
quando corro pela vida como um sândalo
                        [entorpecido de orvalho
vaporoso de lânguidas semiluas nuas de estrada.

E porque vago,
vago tardes inumanas e abastecidas com o oceano
                                     [das misérias,
é que posso um pouco mais me firmar com
                      [o itinerário dos perdidos.

Você, amada,
um pouco que atenua a melhor solidão
que um piano-de-cauda-quebrado-poeta pode ser.

Vamos, então,
correr a tarde de verão sob o torpor dos longes,
dos litorais abastecidos de gozo,
a tristeza sendo a novidade encerrada,

a eternidade que se ama nos sunsets um atrás
[do outro
mundo afora,
plantar na raiz da rosa o sorriso livre de castigos,
ser de novo o menino a correr do tamanho da
[seda do sol
com o tempo cabendo inteiro nos braços
e deitado na grama
feita de tapetes ornados à púrpura e esmeralda
[dos sonhos.

Haverá o dia em que remarei águas tranquilas.

2/01/2014

WALL STREET E A SERVIDÃO MODERNA

Pronunciando cais
vai a tarde morrendo
e nunca mais vou para casa
dirigindo por uma estrada estranha de mar e blue,
de gris, salmos e pupilas.

Ipês roxos e amarelos brotam no acostamento
assustadores como luas enormes
aparecendo por trás dos relevos.

Nessa estrada,
com os olhos bem abertos e colados à fita do horizonte,
um dia vi a escravidão a que estamos expostos
as cortinas que escondem o entardecer gratuito
a assiduidade com que a verdade é comprada.

Pronunciando cais
o que ainda resta de tarde
de perfume a quem quer orvalho
laminando fugas para os lábios,
continuo a procurar saídas
mesmo que as palavras e as imagens
que,

pasmem,
pagamos para ler,
tentem nos desmentir.

Vamos.
Os umbrais da tarde estão desfalecidos:
lentamente propiciam as escoras da noite e,
aos poucos,
colocam em dia a conversa madrepérola das estrelas.
Convém calar-se na furtiva hora do cais.

Queria poder dizer
que me perco numa estrada reta
para que outros possam se encontrar;
mas qual,
continuamos todos amordaçados por lenços
de liberdade falsificada,
de dinheiro retido como água podre, estagnada,
dinheiro comprando dinheiro,
a cirandinha volátil das prateleiras de Wall Street
                                      [nos gritando,
nos xingando
e
nós
rindo para elas,
maravilhados com suas adagas anestesiadas.

Em tempo,
tudo
um dia se cala
para renascer desbocado,
dando novos e reais nomes às coisas
partilhando íris,
as ramagens escorregando altivas nos altiplanos
                              [continentais,
os poetas contrariando como sempre,
as crianças sentenciando,
a lua querendo,
abrindo-se irmanada de solidões.

Mesmo dizendo o que me vai no coração,
quero ver o dia em que o papel-dinheiro será
                              [uma rosa,
ou arranjo de trigo perdigueiro,
ou coleção de brotadas em flor.

Aviso:
nunca mais vou para casa.
Pelo menos,
enquanto não encontrar uma saída.

4/09/2013

SABER VIVER

A sola gasta
faz do meu coração
comiseração de pedinte,
coração do mundo
imundo sublime,
o avesso do âmago,
estranha solidão estradeira sem sair do lugar,
admoestando lamúrias que deveriam
ser caladas.

Queria a mais simples e
sublime arte:
saber viver.

Os olhos do pedinte de quem
desistiu de lutar lutando,
o detalhe calado
não ter para onde correr
senão trombar de frente.

Vamos desocupar as cadeiras
da mentira,
mas lá também não há verdade,

e, nesse fio, a navalha que
come é imponderável,
sem face, sem nada,
é mesmo assim que o turbilhão te pega
que nem um patinho,
sem ter onde se agarrar,
desespero à deriva,
coração do mundo, imundo
e baldio.

A notícia é:
saber viver.

3/04/2012

SEMIDEUS (OU QUASE NADA)

Vou me jogar na jugular da noite
transpirar o ódio cru,
afagar as transparências
e os desbotados da solidão,
execrar estirpes,
antecipar o nunca, valer
a tríade do fogo
e o sabor sugado dos amores que se
agarram, deflagram.

Tudo que tenho de enxergar eu sou:
o inusitado da dor, da cor,
aquela melancolia rasa,
vivendo de nunca chegar.

Sou igual a gato
sem dono,
o vento faz meu sabor
como um coração cansado
que ainda assim sai patinando
correndo atrás de todas as estrelas cadentes
como um Dom Quixote em crina de estrela.

Se a medida do homem
é sua medida de impossível,
ou do impassível diante ocasos de puro acaso,
só de poder engolir a noite em uma nota,
só de poder o descuido das portuárias abandonadas
a ortografia ruim dos heróis maltrapilhos
as lágrimas secas do meu emaranhado pensamento.

Tudo o que eu queria era ter a lua
para me olhar!

Janeiro 2011

SINA

Na janela
o quarto minguante me acertou
um jab de esquerda bem no
queixo,
e girando, estropiado
regurgitando submundos,
dei as mãos aos alucinados
da noite, despatriados devassos,
selados,
e olhei novamente a lua, e
esquivei da sua sola de prata,
raspando,
e vi Kerouac em um quarto
imundo de hospedagem,
vi Rimbaud pagando michê na Alaska,
como bem disse Cazuza,
vi todas as desolações dos Beatnics,
me perdi depois da Augusta cada vez mais
dentro do centrão,
e o quarteirão deitado inteiro de
miseráveis de rua,
e acompanhei solidário aquela dama da noite até
[a única loja aberta

no montante de esquinas desconhecidas,
retornei de vários lugares desolados,
e vi Augusto dos Anjos dançando sobre os ossos
                             [de tudo que é morto,
e o quarto minguante, rondando-me,
sabia, o tempo todo,
que só me cabia,
sem nada esperar,
andar.

2010

SOL DE VERÃO

Sol de verão derramando amores
e eu caminhando no píer deserto da tarde que
[é a vida
simplesmente laminada tarde de pavor-amor.

Luzes que desesperam sem sentenças
e os barcos amam-se inteiros na linha d'água
como marionetes de esponja brilhante blindando
[o azul de luz.

Distraídos por milhares de séculos
estelares do mar somos
da vida que dele partiu.

E o perdão ainda é o maior retrato da natureza
na tarde desfigurada, amarela.
E essa tarde deveria ser um palavrão que escorre
[pelas goelas
dos amantes,
e o labirinto em forma de píer devia ser proibido
[para todos,
com os mergulhões fazendo descanso.

A única coisa é que sou verdadeiro na beira de qualquer
          [mar, em qualquer sentido e latitude,
enquanto a tarde ri de mim e desce linda, amarelão
          [lambendo os desenhos do alto-mar,
perguntando quando vamos acordar desse sonho,
voltar para a espécie de perfeito delicioso,
amar sem estações,
suar o sol de verão só e inconsciente,
sermos vento, melhor,
ventania, espanto, mágica, fera, infância, milagre,
sermos sem cuidados ou aparências
que esse píer já se tomou como uma pasta de solidão,
desmembrada e esvoaçante
ser-querer esquecer um pouquinho de que se existe.

6/01/2012

TARDE LARANJEIRA

A tarde laranjeira
descortina suas flores brancas
proliferando invernos descanteiros,
desfolhares,
e sei que apenas seu olhar há de vir inteiriço
sublevado em fogo e frio:
sobrancelha da luz amarelecente...

Sinto tudo como uma inteira confusão
das infusões de cravos e do amor que insiste,
                             [amigo,
amor-potência dos que acreditam na tarde
e hoje a luz é de azeite para as ciganas e mouras,
mesclando raças,
suas peles,
cor mourisca, cor morada,
prevejo seus corações e olhar,
alambiques de silêncios e madrugadas
                          [acastanhadas,
caminham os espelhos da tarde.

Seus dentes trazem a maçã da esperança,
seus olhos trazem os jardins e civilizações inteiras,

lua que goza de brisa alicante
caçando livros e eternidades,
cheio de tâmaras nas mãos como poetas cheios
                                      [de versos
caminhando no silêncio,
vaga-lumes da corrida doçura e dos lábios por
                                      [entre suas coxas,
da lua Rubayat que espera pela corrida da tarde,
espera o laranja torrão ceder,
espera o pavilhão existente da tarde.

Insistir que a razão é uma loucura;
ladram os cães,
correm as luzes,
a areia se mexe, séculos e crepúsculos descem
e a vigília dos amantes amadurece.

Lua Rubayat:
é que meu corpo inteiro atira-se,
é que a tarde passa alaranjarante em todos os
                                      [seus telhados,
é que a ternura vem cheia de uvas e orvalho,
e uma pequena taça de tristeza rubi,
e sua cabeleira é como água fresca corrente nas bicas,
e o fumo do sândalo vai correr depressa ao poente.

Diga que a tarde laranjeira é só mais um encanto,
só mais uma chance de sonhar,
mais uma glória a voar perfumada,
somente mais séculos e mais rotas.

Sábia laranjeira: ignora os amante e se espalha
                                          [de branco.

23/06/2013

FIM DE ESTAÇÃO

Tudo respiro na primavera doce da tua pele.

Primavera, que, mesmo derradeira,
assopra ares incalculáveis de desejo
e o desejo que no peito
é o almíscar rasgado
é o despudor das cigarras
a seda-esperança das tuas costas
a luz que não se arrepende em cair
a promessa de nova lua
o perfeito do rosa-cristal de água
as danças silenciosas que o vento finge
os vários matizes que os teus espinhos ferem
no poente: roxo, púrpura, azul, cinza, cinzelando.

Essência de primavera: suspiro e cheiro.

UM FENÍCIO JÁ NASCEU COM TODOS OS VENTOS

À custa de que dor minhas palavras machucassem
                                              [como
um solo lascado de Hendrix,
à custa de que tarde deflagrada de solar impudicícia,
minhas palavras rasgassem-se terremotas,
em troca de que píer estourado de lua.

Flutuam como uma borboleta violeta
ou a fenícia púrpura dos sonhos e do comércio
                                              [das rotas,
nuvens de passagem e os olhos da amada brilhados
                                              [de cedros,
para sorrir no mar mais difícil:
ser chamado de louco pelos corajosos,
imprudente pelos razoáveis.

Inclementes, os astros conjuram para a rota dos
                                          [desassossegados
e juro, puro mar e mar, que a proa traz-te ânforas
com óleo e mel e pistaches
pelas cristas das ondas formadas em joias de corais
                                                  [marujos

e pérolas encaracoladas,
e o tempo do mar é tão outro,
tão antepassado.

Trago-te o alfabeto, as rotas marítimas lidas nas
                              cartas celestes,
tantas conchas pisadas
merlins devolvidos ao mar
dialetos misturados e gestos nos mercados de trocas
naus nuas contra as ondas como gigantes de pétalas.

Trago-te mouras de pele de algas e carmim para
                              [a troca:
"Seu lar vindouro mais belo...
A moura quer amar seu homem e esse homem,
acaso, poderia ser você!"

E o mar sabe acariciar os homens de jornadas
e encontrar nos alvos fáceis de suas próprias injúrias
convencendo os cascos das embarcações
que dele são mais furiosos os amores e dores.

O mar é sempre o primeiro a chegar...

E amar de verdade é só para quem já perdeu.

E cultivar de verdade é só para quem já naufragou.
E a religião é o mar batido e violento
fazendo do vento os olhos em velocidade
em que os grandes encontram desapego na aventura
livrando-se das roupas da circunstância para serem
verdadeiros e unos
para chegar novamente à terra com as pernas
                       [bambas de tormentas
sorrir o novo crepúsculo sangrento
que caminha todos os pavimentos de luz até que
                                [cheguem
as estrelas...
E meu coração tem cheiro de chuva que vem,
apoiando-se na lua bumerangue que traça o pátio,
seus canteiros,
a repentina alfazema,
rebenta o mar na desordem da costa.

E para navegar tem que se fazer delgado
à custa de mercadejar aos quatro ventos,
beijando, amada, a morena com olhar sujo de prata,
repousando nela um pouco da inquietação,
que, para tecer o menino,
o homem inabitável trama às suas, as pernas
                                  [da mulher;

e nesse bailado é que caminha o mar pelo mundo,
abrindo-se em portas e castigos,
defumando areias com sua salmoura,
tramando o diamante líquido das águas-vivas,
beirando as linhas das costas contra a vegetação,
perpétuo ir e vir para que o homem saiba-se
                            [apenas breve suspiro.

O mar é sempre o primeiro a chegar.
As rotas estão escritas há muito.
As constelações sempre.
A mulher que me ficou na distância dos mares
                            [ensinou-me
os olhos tristes e fortes.

Um fenício já nasceu com todos os ventos.

13/06/2013

VENTO DE RESSACA

Outubro
no sol,
vento de ressaca invade minha
camisa, botando-a a dançar
desengonçada.

Outubro, vento de ressaca.
Enxergo-te primeiro como elegante desespero,
despreparo da chuva que se foi
e o vento queimando a cidade com jasmins frios,
oxidados de uma nova primavera.

Fino manto
supõe distâncias,
vento malhado de cheiros que procura
a areia engomada,
que a procura da mais alta alegoria do céu:
vemos Vênus mexendo-se cintilante a dizer
que tudo se resume na noite que ainda vem,
e a tarde passa,
e eu estava apenas na beira do trilho,
e o trem passa na velocidade com que o barulho
                                [da batida se repete

nas emendas.

Pego no seio ensanguentado do vento
e num calhamaço de mariposas trajando poemas
                    [nos desenhos das asas
para que me palpitem esperanças aniquiladas.
E vamos à luxúria branca e ouro
que o vento traz desabotoando fêmeas de tantas
                                [longitudes
quantas possa o poeta amar.
E traz sementeiras e naufrágios
e ilusões gostosas de morder.
E não se vai o vento de ressaca
antes de arrancar algumas telhas e pétalas,
tudo ao seu tempo
para anunciar um novo sol companheiro.

Mas é punhal bandoleiro no coração
sensível,
desde que o próximo passo seja não se conformar
com as inverdades do mundo.
Posso dar meu urro de revolta ao vento,
somente mais um sedimento que ele já carrega,
somente mais uma duna movida de lugar.

Que seja: uma duna movida de lugar já é alguma
[coisa.

Outubro, vento de ressaca.

Outubro é um trem veloz que passa
e deixa o cheiro de querosene nos trilhos.

VESPERAL DO SOL FRIO

Vesperal do sol frio
outono já se foi
abrindo seus braços nus de florais apaixonados
mantendo-me criatura pendente dos
                [amadurecimentos
olhando de olhos da vida cada detalhe que não
                        [interessa
o tempo todo que lembra
com o ritmo das seivas e das flores que duram
                      [o momento
duram a memória em cada maneira inesperada de luz
para viver sem roubar
propalando o perfume de dama e dos cais
do sol frio
outono já se foi
as sementes estão plantadas para quem quiser.

Vamo-nos a amar pelas distâncias caravanadas
apaixonar os corações com o sol hirto de frio
abençoar os caminhos sem procura de chegar
sou eu quem ficou contando as horas das gerações
e o beijo gosto de tâmara que nunca vai parar.

Lua quarto minguante gozo de festa
várias vidas em uma
mouraria a caminho
histórias cobertas com santos mantos
vamos nós, poetas
paixão de ser a paz simplesmente pela paz
para sempre
para sempre o outono e o cheiro da grama capinada
dizer para o amor que eu sinto a dor e a felicidade
                        [de mil corações batidos
e a coragem de olhar o inverno como mais uma
          [chance para o desabrochar das acácias
e desamar o que já está para rejuvenescer.

Outono já se foi
e a hora é a maior desacompanhante
para parir o prata orvalho cumprido de partida.

11/06/2012

SÍLABA MORTA DE VERÃO

Guitarra de algodão canta ao vento,
saboreia e achaca à conta de aduanas
o cheiro destemido do brilho que decepa
cabeças de estrelas.

Não há mais confusão nos epitáfios.
Dizem todos:
colha antes que apodreça.

Dizer que outono é, não é.
O cheiro de luz quase.
Nada estação nenhuma.
Mato capinado de manhã cedinho
com cheiro de orvalho-verde-virgem.

Estou pronto para os jasmins locatários das brisas
adornos do tempo de águas fornicadas,
perfume doce que vem achatado
entre duas palmas de umidade,
corpo mais próprio que galhos começando
a querer falhar de folhas,
emprego da mortalha dos dias
que descasca a fruta e continua até

o caroço e continua até sugar a essência,
separar a água que existe no sangue.

O sol já virou
e essa é minha única esperança nítida
nessa sílaba morta de verão.

Não interessa se o mundo bárbaro – que é casa –
quer desculpas para a relva que cresce
menos de um palmo.

As trouxas já estão arrumadas
de névoa língua,
as estantes todas derrubadas,
com o que dou-me a singrar,
rotas abruptas e menosprezadas
procurando a música da respiração,
o gostoso veludo dos limos a entrar
ardente nas narinas.

Transito entre a sabedoria
e a bestialidade total
estremecido pelo liso ar
e pelas estrelas acampadas na dor
das horas tombadas.

TARDE EM ARABESCOS

As águas descem como muros de liquidações
[queimadas,
artérias de barro gemem em mim,
e as vegetações e barrancos despencados
vêm correndo contar
histórias de bolor e madeira podre.

Embarco no gosto do vento
mais mortal do que nunca,
purgando a alma.

– Como é bom ser mortal!

Encontro a destreza do descuido
nas flores desmanteladas do
jambeiro,
libertas dos estames
como agulhas paridas
a rendilhar o chão,
precipício de tapete rosa.

– Oriente, venha-me em resgate
como febre de estação que tomba!

O vento novamente assovia línguas

embaralhadas
cálices de terra regada
e não deixará uma só torrente guardada.

O tempo,
o queimador de etiquetas,
peneira da vida,
desabrocha, corrompe,
queima como incenso,
tramita bêbado inseto engasgado de umidade
como o estio que promete.

É tempo
de *pau, pedra*
fim do caminho
resto de toco
um pouco sozinho.

17/03/2015

SEMPRE CHEGAR, SEMPRE PARTIR

Distância do mar é a notícia de quem chega pássaro.

Maré entra às lufadas de ondilhas
abrindo braços que lambem os dois lados da boca
do canal.

Pingam estranhamentos no horizonte sem luz.

Os cargueiros
a quase 180 azimutais
aumentam e diminuem de tamanho
segundo as regras das cintilações.
– Torpedeio-os de olhares.

No pênis estendido sobre a arrebentação
                              – que é o píer –
pescadores botam fé no novo arremesso.
O barulho da linha vive no ar espesso
e o mar se inflama com polpas de transe: iscas.

O mar roxo fechado
traz faixa reflexa na linha d'água letal
filigranas acobreadas

lençóis desdobrados como escamas de mica
para dizer que há postes nas margens.

Como todas as notícias são
sempre não tão novas assim,
as ondas estouram longas
com seu abafado barulho de arrasto
prometendo línguas entorpes
que até os mais desesperados amantes não podem.

A distância não reclama saudade das coisas
grandes, mas dos detalhes.

– Anzol,
meu genuíno irmão de cavar a sangue
e trazer naufrágios e submarinas estrelas,
onde estão as máquinas encalhadas da aurora?

Não posso quedar choro,
pois seco estou
e o uso que o ar sem brisa e talco faz dos lábios
minerais da noite
encarrega-se de travar lutas abissais
contra nossos corações-espadachins.

Maré infla. Fecunda o repuxo e peso dos astros.

Uma dupla de andorinhas passa e me leva o olhar
ao cinturão de Órion,
cingentes contas de lã alfabetas
para leitores lácteos lançados à própria sorte.

Quem chega pássaro
sonha um mundo
da família do sorriso irmão,
e parte sutil
como névoa que só baixa
quando o canal deixa de fazer charme
e se retorce em lençóis de plumas marinhas
sobre as coxas madrugalhas.

Parte sutil
quem chega pássaro.

Parte
sutil
sem
cerimônias.

1/03/2015

A TARDE TEM HORA?

Tarde
onda, talhe e trigo:
abrem-se os últimos respiros das colheitas.

Sou como um barco largado no cais da vida.
Resta apenas o sobe e desce do horizonte
                [refastelado de ocaso.

O dia começa comboio pérola entardecente,
o céu leste já se enferruja
e arremessa lanças de fogo ao oeste desdito.

Estou de volta aos madrigais da inocência perdida;
olhei nos meus olhos e assisti a trilhões de corações
de consciência,
meu grito, minha mais entranha esperança:
há que nasçam estrelas conjuradas na fábrica
                [do para sempre.

São os poetas os primeiros que desdomam as feras:
no profundo da dança do céu, o ímpeto do
seu rosto me chega miragem no baralho dos
                [pensamentos,

teu sorriso, um conto acantilado na noite do deserto,
noite que me abraça como que com velas dos
                              [barcos sem vento
estacionados no sonho e novelas das costas
                              [e arrebentações.

Assim como
o livro se fecha para não ter nome
o escorpião acasala e sabe cortar o amor pela raiz.

Excessos pela janela oca e intragável do agora
                              [à tarde que sejamos.
Urge a tragada do ar cheiro-herança
em que o humano faz-se a mais longa piada da Terra.

A existência gargalha e pousa hiatos. Fato.

Vento doido se traveste de cardinais trocados
descobre
retifica
por hoje
o que por hoje é só.

Sol se foi.

24/02/2015

OS DO LADO DE LÁ

Abro os naipes da madrugada
e quanto de brilho
o desejo fala para as damas-da-noite
boquiabrirem perfumes
nos olhos distantes, fixos,
na prata original
prata-amarelada
da linha de luzes pulsantes, distantes.

Mais distante é o olhar,
pensando gaivotas de voo frouxo
barcos dormitando na beira-baía
crianças perfumosas encaminhadas nos novelos
do sonho.

Cartas são jogadas a torpe de blefe.

Nós, do lado de lá,
mantemos a mensagem aberta
como trígonos de conjunções e despedidas
estandarte dos infames (que gostam
de ser infames)
e desnudam o colossal sabor

do ar parado
matreiro
fervente.

Nessas horas,
a lua corre luta derrocada
e estende seus caules
e se insinua ao oeste sedento.

Nós, homens espessos
mantemos o ritmo do quartzo
sonhando saudades de vidro, velocidades
vasto vento contornando a cara e botando
dedos fêmeos dentr'os cabelos.

Abro o naipe rouco da madrugada
e os lábios do vento retiram o sério
e colocam profundidades
nos do lado de lá.

Umbrais coloridos,
pêndulos florescem,
o firmamento roxo-sujo
não há instinto que lhes baste
brincando de suor madrugaça.

O que sempre me procuro,
imprime,
que os do lado de lá,
queriam,
apenas,
novamente nítidos,
pousassem cometas-crianças.

13/02/2015

NA PELE IMUNDA DAS CALÇADAS

Eu sou aquele da vagabund'alma
precipitante e princípio das lunações amanteigadas,
imprevisível maré mais trocadilha
embarcação de risco no coração azul
das crianças
e da alegria,
das brincadeiras de enxada
cravando dentadura na terra dos dias-quintais
pelas quinas da tarde alonga-mar.

Você me diz que sou incontrolável.
Na verdade, o desespero vem beijar-me todas as manhãs
e calço meias usurpadas das névoas do alto-mar.

Vou vivendo a corda bamba que é o meu maior dom
e, como qualquer dom, não o escolhi:
jamais continuar o mesmo por muito tempo.

O tempo somos nós que fazemos máscaras perversas
da hora,
do sol que alisa as costas dos morros
quando se põe.

Ladinos
os que escolhem agradar ao mundo.

Mas, não:
e se eu disser que a única coisa que tenho
– e não tenho escolha quando a criança
                [ri desbocadamente,
é não agradar o mundo
ser eu mesmo o quanto puder
mesmo com meus maus modos
e bons índices de loucura
que me absolvem
de ser o que vestiram para mim
e de poder tragar intempéries no que os sabores
                          [tem de mais
livre e triste.

Não quero constar nas certezas
e nas fórmulas
e ser somente o príncipe dos vagantes vadios
trajando verbenas nas costuras do terno maltrapilho
da alma.

Por trás das vitórias e derrotas
estão borboletas violetas para lembrar

que vida e propósito
por mais que teimem em não se dar as mãos,
no fim de tudo, vão fazer algum sentido:
nem que seja em vão!

Quero que o lirismo comedido seja visto
como um atentado ao pudor
e enquanto vivo
e enquanto me digne a viver tudo e demais
o faça com a paixão do canto da cigarra
com o coração pendulante na beirada dos abismos
com os céus borrados, derradeiros, sanguíneos
e cruzados
das cores dos crepúsculos impossíveis
de quando eu
habitava meus
três, quatro anos.

Onde meu coração perdulário termina, não sei.
Sofre de ressurreições pelas calçadas,
caminho e superfície do que presta
e a ideia de que possa dar-me ao mundo,
conversando
pela amurada da baía
com o pescador em sua traineira,

é o mais valioso cristal que sei bordar.

Pode-se ver que o tempo dorme nas aldeias
e anestesia-se nas cidades,
por onde dependuro-me na esperança porca
do meu primeiro amor,
como a flanela que pende do carrinho atulhado
do catador de rua.

Vou criar rosas e novenas nos tombadilhos
dos contratorpedeiros,
ensinar-lhes do que nada sei muito,
além de crepúsculo que vai emprateleirando carnes
de rostos na sua sana de sujar o céu
com vermelho, laranja terroso, ocre, púrpura, roxo
cobalto,
para, finalmente e mais importante,
as aves formarem voo sobre-noite no mar.

Para, finalmente,
saber que o meu livro inteiro
um dia estará escrito na pele imunda das calçadas.

5/02/2015

SEGREDO DO TEMPO

Entrego-me aos vendavais
e nada me parte
sem arrancar pedaço:
naco de lar
nasce de mar
O perfume das flores têm me alucinado...

– Como ser estrada, desígnio e raio sem ter de ficar partindo para sempre?

– Como ser artéria se me tornei península lambida de redemoinhos?

– Como ser de novo depois dos teus olhos,
morada da estação carmim?

– Como ser impune se há tua voz, tua linha, teu estio
e tua pedraria?

As substâncias do desejo borrifam acetonas
no verão rifado e no perpétuo céu ameixa.

Para além das perturbações,

a lua crescente aponta suas duas pontiagudas hastes
no sentido leste.

Antecipo que sou jornada repleta de encostas
e precipito luz e lanho do meu coração inútil
[resfolegado.
Coração de enseada esgarça
onde se devoram
uma após outra
ondas como inquietas coxas entrelaçando-se.

Entre as linhas da lucidez e do horizonte
navios iluminados em fila
separam
comoventemente
o céu do mar.
Separam em hipótese.
São os dois crus, massa indistinta, céu e mar
como meu peito quer estar com o teu.

Vou apostar tudo e todos
nos sentimentos escravos das brumas,
quilha cortando flocos pelo mar degelado,
nuvem sozinha no céu
seios violetas

como violetas hemorragias marítimas
que acendem os instintos e
acordam pressentimentos nos timoneiros.

Vou jogar roleta no meu coração
por zero dinheiro.
Lavrar mar que bate
correr enfiando batismo e convés
depois do mar rosa entardecente
quando a alma quer caçar deuses e perdões.

Obscurecer a dor,
porque o doce da maçã do teu rosto
toca-me primado da loucura.

Dízima luz
entra no estrado das camas em que resfolegaram
                             [amores de doer,
de doar, alaranjar,
de caravanas arqueadas cozendo dunas,
abastecendo amores incinerados, tingidos de fogo,
correria dos séculos,
rolar no chão agarrado à eternidade,
pelos dedos escorrer estrelas:

pele tua, crucifico-me
tua voz, adoço-me
eu você ao todo.

O que tenho a dar-te:
somente um deserto
e todos os seus segredos.

27/01/2015

PLANO DE ANO NOVO
Para as mais de 500 crianças palestinas mortas em outubro de 2014 contra a mídia sensacionalista feita para 12 jornalistas franceses mortos em um atentado

Mesmo que vivamos em um tempo
onde é normal separar o fim do começo,
as consequências das causas,
o girassol sorri imenso
cigarras benzem quase mortas
estrelas abrem temporada de caça:
caça a complôs que a tarde penetra.

Bendita aninhagem das borboletas pretas grandes
que abandonam casulos fervendo dezembro:
já vi três delas nos últimos dois dias
enquanto a lua fazia brinquedo da tarde.

Sol de secar limo dos cantos e dos muros,
estou novamente estranho,
se estranho fosse como deveríamos ser
sempre que em estado de voo entre platôs.

Como queria saber voar.
Iria voar até despencar de cansaço!

Sei que o desejo
me banha com cheiro de mar do porto
e é ali que todos os defeitos do mundo desembarcam:
sedentos marujos e lâmpadas rarefeitas,
amantes extirpados de pudor
os vícios bebendo da papoula
armazéns até o teto de sonhos poemas
mercantes matérias-primas.

– Quais serão as armas de calar Novo Tempo?

– Quais serão as nuvens de tapar céu anil arrombado?

Preciso de espaço para buscar os pulmões
das páginas abertas no horizonte.

Digo alto:
– Para o espaço com a melancolia
ou pelo menos,
saber que, na rosa,
orvalho e espinho têm o mesmo dom.

Para meus planos de rotas e navegação,
não tenho nada.
Abandonei-os todos feito folhas secas voando,

filhas bailarinas no torpor da tarde
no abono do pudor
feito a palmeira soberana de lustrar o sol
no alto de sua copa.

Como plano,
só quero um delicioso nome de cor delírio
ou as gotas de chuva nos verões para sonhar
ou os olhos vulneráveis da fêmea vento molhado.

Como plano,
esperança das capas de sementes à mão
tirando as teias da verdade empoeirada
um céu de poesia emancipada
um ser humano pronto para aprender a linguagem
                                       [do universo
a usura e ganância desbancadas sem cerimônia.

Observe:
ninhos novos sempre virão.
Se vespeiros,
vespertino cata-vento
que gira com o vento jogado fora.

Crianças jogadas fora.

Pergunto:

– Quais serão as armas de calar Novo Tempo?

– Quais são as armas de calar?

13/01/2015

SEPARAR PARA CONQUISTAR

Logo eu que vadiou pelas zonas sul, norte, leste oeste das
mundanidades, digo:
são todos lugares iguais justamente por se
[considerarem partes.

Logo eu que vadiou pelas partes recompostas
[e decadentes
daquilo que a ninguém importa
daquilo que já se deu à desvalorização
e nada tem mais com o que se importar.

Como disse Chico Science,
todos nós somos líderes
todos temos um líder dentro de nós
e suponho tanto que falar isso seja muito perigoso.

Quando todos tivermos a consciência límpida
e soubermos como fazer
as minorias que nos detêm cairão:
cairão como postes feitos de papel sob a ratoeira
[da chuva fina e constante.

7/01/2015

SORTE DE PRIMAVERA

Quando porque sei lá que espécie de sorte
– ou morte,
seus cabelos desenharam intrincadas geometrias
                        [em meus braços,
antecipou-se o que eu ainda viria a sentir na
                        [noite perolada de estrelas:
não duvidei que o homem de luas plantadas
                              [no céu da boca
iria se retransformar,
preenchendo as ausências com o ardor da terra
                        [orvalhadada:
quão grandes são os caminhos que me trazem seus
                            [olhos frescos
e doces
como duas pequenas tâmaras brilhando de lua.

Como, se não te avistei antes?

Meu mar impiedoso
dobrou-se calmaria
e a luz ferida do pôr-do-sol que vazava por entre
                        [as copas das árvores

deu desígnio às folhas que – cá comigo – estavam
[soltas pelo mundo
como entre perdidas e perdição.

Sairia do meu exílio de fogo tangerino
nos seus olhos,
adivinhando o talho da sua espinha com os dedos,
e você recendendo como vento que anuncia
[a mudança de tempo,
alivia o peso da maré nova,
e faz os marinheiros sonharem ao sol da tarde.

Então me acho novamente
na sua transparente pele
como a melhor oficina
para que a henna tamarinda trabalhe pássaros
[preenchidos com hexágonos,
florais impraticáveis, curvas feitas de doces saudades,
[folhagens,
tramas, mandalas estreladas, asas de borboletas,
[peixes, fênix, rendas, polen,
Júpiter e suas luas, girassóis.

Contigo, lírios e margaridas apareceram na medida
[exata, barcos abarrotados

de flores nas minhas docas estrangeiras
[da imaginação,
orvalho tremendo de brilho nas pétalas,
ânforas tantas quantas o amor transportado
[coubesse.
Logo eu que pensava as flores em desuso.
Logo eu, nunca santo e sempre drama.
Agora, eu até poderia ser melhor.

Derrubemos, então, a tarde
e deslizemos a lua que sai com seu laranja profundo.
Correremos os jardins pingados com as sombras
[pratas.

Venta. As velas estão infladas e abastecidas.
O mar está cintilando. A essência das ondas
[bate contra os diques.
O que falta para partirmos,
logo agora que a primavera decidiu ser a nossa sorte?

2/12/2014

MIRANTES DESERTOS

A madrugada é madrugada
quando o prata começa a se esgotar.
Ainda assim, refrata qualquer substância de brilho
no sorriso da neblina.

Do mar, lavanda colore o escuro.
De profundo, estrelas assopram
as entranhas do universo.

Não que eu seja feito da matéria pura da solidão,
não que para falar do oceano, do amor e
da eternidade, precise-se de palavras.
Não que para sair do deserto em que foi lua
                              [bancarrota,
pressinta apenas algo pétala para afagar.

O desafio de estar mandado em missão
é deixar as portas abertas para os turnos do vento.
De encontrar os hinos dos malditos,
encontrar a raiz insana que em mim
entranha,
e estranho,
tudo que deveria ensinar de sorriso e paixão.

Algo está tão invertido, de repente,
que começo a sentir o coração
desgostando fronteiras:
e vou parar nos parapeitos dos mirantes desertos.

Desertificado,
procuro o balde de brisas adocicadas.
De que vale minha geração extraviada
nos engodos tão classe média, tão planejados, se
                                      [se aproveitam
tão pequenos pedaços da fruta?

Posso estar sempre indo em direção a
lugar nenhum,
mas, pelo menos, vez em quando,
consigo tocar as franjas da eternidade.

Se me amam e se me odeiam,
asseguro que trago a corrupção das palavras
como o mar traz conchas e pérolas e salmoura.
Trago cavalos com cascos livres de ferraduras,
trotando selvagens como poemas acima das precisões
contratuais,
poemas violentos tomando de assalto
os fabricantes de guerra, vendedores de morte a quilo.

Trago o que a madrugada me sussurra ao pé
                              [do ouvido,
o que banha-se de véu,
o que trata de semear para as estrelas,
o que a madrugada e os jardins dos desertos
                              [têm em comum!

25/11/2014

DISTAR E ESTAR

Solidão de estar no mundo
me faz
passar esse ridículo:
como um perfeito vagabundo
enfio a língua na goela da tarde
e o quanto importam as palavras
agora
que o sol veste-se prata-carne
e a maioria dos filhos engolem o que lhes
               [empurram como ensino,
para usar a vida cada vez menos e menos
até que se encontrem prostrados conforme
               [o tempo repetido:
o tempo sem danos,
largo, contínuo, abrigado.

O quanto vale o esforço do mar
que conhece as funduras abissais,
as lonjuras, os sistemas de correntes,
a dinâmica dos ventos,
para entregar apenas espuma nos continentes?

O quanto estarão as marés encorajadas de correr
                              [seus sentidos,
correr estradas de estrelas,
se o espelho do Tempo não está a serviço
                              [de ninguém?

Quanto está disposto o crepúsculo e suas melodias
a borrar de roxo as águas do porto,
a se desgarrar das plumas do vento
e deixar sentir que o sentido existe,
mas está escondido, em algum lugar, por enquanto,
por embriaguez ou por alguma espécie de ironia?

O quanto pode o gosto da rosa salvar
a capa púrpura nascendo em lua,
enquanto os cardinais beijam-me a testa
em forma de borboletas sequestradas pelo vento,
e enquanto a humanidade estranha é o néctar
                              [perfeito
para os desesperançados?

Já conheço o lugar de toda a vadiagem do mundo:
caravanas me passam ao peito
e que importa,

agora,
ter um lugar para voltar?

Distar e estar:
céu, mar.

10/11/2014

MANIFESTO INSPIRADO EM BUKOWSKI

Desce a tarde
e a matilha de homens desesperados
que vivem de fígado
que sempre sentem tudo ao mesmo tempo
fazem-me companhia
assim como o fazem as estrelas
fulgurando espasmos
ao cair da noite.

Um punhado de lua é a única prova sólida
quando o sentido vai sendo desfeito
da mesma forma que a liberdade vai se tornado
                                           [poeira
numa cidade em estado de sítio.

As cortinas ameixas do anoitecer
guardando queixas do andarilho que quer
                              [conhecer o caminho
beijam as famílias trancadas em suas casas
como se – fora de suas trincheiras –
o lobo dos perfumes malditos os fossem atacar.

Vejo que a levedura com que o poeta salpica
                              [universos
nada vale
nesse mundo onde os insensíveis continuam
                              [vencendo sem parar.

Eles continuam vencendo o sol,
ferindo os flancos da terra,
prometendo-me o que já é meu!?

Não vou ser eu que irei dar-me por réu.

Vou ser eu, sim,
apenas um tolo que pensa não entrar nesse jogo
ou resistir com a poesia grátis que desce junto
                              [com o abril livre
e fortuna da solidão amarelada das tardes frescas
sem que tenha de render-me ao sarcasmo.

E que continue, eu,
o tolo mau que não consegue compreender as
                              [regras do jogo,
quando dizem que meu escrúpulo é apenas falso
                              [moralismo.

Mas não consigo olhar nos olhos do trabalhador
e dizer que o fruto de sua ignorância
serve mesmo como furto de sua força de trabalho
na máquina que gira engolindo gente
sonhos, geração por geração.

Para pôr a boca na lua ao menor sinal de desespero,
o itinerante despoja-se das belezas fáceis
converte seu passo para o tamanho do eterno
e toma a forma de corais
que ferem as ondas,
rasgam-nas por baixo.

Afinal, que melhor matéria-prima para sentir
                              [o fundo da vida?
Boca na lua desesperada.

Qual remédio?
Ser o que sou, vir a que vim.

Manifesto-me livre demais!

SOL FRIO

Píeres do mundo irmanam-se
como apêndices suturados
enquanto a tarde afoga-se
em nada a perder: ou ganhar.

Um dia voarei
até onde as estrelas precipitam seus alforjes,
niquelados na flor e na pele do espaço,
na doçura da chuva que fala pouco,
no vento guardado pelas enseadas,
nas gotas de chuva carregada de cristais-prata
                                      [de areia
em face do transplante da estação
sob a formação de aves migratórias.

Eu, agora, batendo fortemente as asas,
desobedeço para ser mais do que me permite
                                      [o mundo.

Um dia voarei galáxias,
desafio aberto à astrofísica derramada pelos
                                      [homens.
Nós: pequenos.

Vou te dizer que tremulam ao sol
as linhas d'água no voo e no canto da cigarra sozinha.

Um dia voarei para sempre.

Um dia voarei para sempre
embalado pelo tênue vento-mártir,
sacudido em suaves lágrimas
da chuva arco-irisada
como portal do frio
e dos campos selvagens,
com uma doce canção ao fundo.
E os cristais do chão falando a língua do brilho
depois que a chuva passa,
a fonte sem dono com lua nova,
o pastor de ovelhas medindo os braços do tempo.

Estamos nos lábios da chuva que se foi
e no corpo do vento com cheiro de novo
diante do sol manso
no palco sigiloso
da chuva-quiçá.

Olha o chão:

é uma saudade sem cuidados,
uma bravura de cantar até ao peito explodir.
Diga-se, o coração de um poeta
ocupa um estaleiro inteiro,
ancorado para sempre,
para sempre arrebentar cordas
perder âncoras
voar na direção dos poentes,
em silêncio, vaga-lume
em nada a perder
– ou ganhar.

4/10/2014

SOL ALQUÍMICO

Sol tão forte e frio do inverno:
desbanquem-se vaidades
que me sinto tão passageiro
fundação do tempo milagre água
aquarelando o mar com os azulejos e sedas
explicando o amor da jovem e seus olhos negros
que tanto abandono tem de ter lugar no mundo
e o azul da solidão e da areia lambida pelo mar
                                      [recém-nascido
da tarde
que perdeu seu bilhete rodoviário e embarcou
                            [em direção à lua limpa
junto com meus irmãos gatos jogados
                            [deliciosamente
nas cepas dos píeres do mundo.

Eu
atroz cavaleiro mirante
carrego cestos de junco com incensos e o patchouli
para destilar o beijo da mulher amada em mosaicos
quando vejo-a arbusto ereto e esguio
e ela óleo para suavizar o tormento
as próprias macerações da vida

restando extrair derivas e sementes indestrutíveis
de lucidez
que assim é o nome do poeta
destrancafiando as porções de mundo que não
                                        [interessam
como fermento que vai transformar a quantidade
                                        [de sol
no espesso vapor cítrico do amor
e pré-adicionar canela na concentração da fórmula
medir a fixação do perfume na alma
para descobrir por que somos assim tão despertos.

PARA SER MAIS EXATO
(Todas as mentiras já estão prontas)

Esse tecnocratas de quinta categoria são uns ignorantes, que não sabem nada e ganham salários altíssimos e, em cada crise que eles desatam, terminam aumentando suas fortunas, são recompensados por arruinar o mundo. É o mundo ao contrário que recompensa os seus arruinadores, em vez de os castigar.
Eduardo Galeano

Para ser mais exato,
o sol goza a verdejura esmaltada:
passam-se gotas cristalinas de abandono
pela grama dos dias serenos.

Para ser fácil,
o sol pincela com brilho a copa das árvores
e desenha a tarde do tempo
com suas linhas límpidas e sorridentes.

Nada sacrifica nada na luz que alimenta,
lentamente colocando deus na brincadeira de roda,
para fazer o chafariz cantar o nino dos anjos
e os arroios assobiarem o choro das pedras rasas.

– Todas as mentiras já estão prontas.

O ano jorra para sempre
e as aves sentem-se livres no inverno
crendo entoar canções reveladas dos olhos.
Batem-se em retirada para a próxima estação
cruzando hemisférios
e nada da ganância as pode impedir.

O alimento nas bandejas de prata
pratica a fome do faminto
e quando as lavouras viram papel
nas cirandas financeiras
temos a certeza da espoliação.
Eles vão continuar buscando a vantagem na vantagem.

– Todas as mentiras já estão prontas.

Ave, voe com a semente gasta
e compre o frio nas folhas das árvores.
Arvore-se na revolução das hastes dos trigos.
Sabote o horizonte com seu bando migratório.
Beba da energia do cultivo das distâncias.
Sobrevoe a seleção milenar das sementes na mão
[calosa do agricultor.

Aviste a forragem de engorda amontoada nos
[celeiros.

Das frutas
o brilho do naco,
das lágrimas,
o gigante amor às criaturas.
Das areias,
o céu fornicado pelo algodão das nuvens.
Da bainha do entardecer lambido de açafrão,
a espera premiada com lua.

– Todas as mentiras já estão prontas.

Tem-se violência do sol se pondo para vencer o capital:
é só acreditar que as aves retornarão na primavera.
Acreditar no ventre de um tempo que está aí,
na força do vento que penetra o gosto do hortelã,
no óleo da azeitona que reúne os farelos no prato.

O acúmulo há de findar-se.

E serão as aves de inverno
com o firme flanar de suas asas
que virarão as cartas e as mesas;

e de todas as mentiras prontas,
farão surgir
um amanhã pronto
de verdade.

Para ser mais exato.

12/08/2014

POEMORAÇÃO
À Santa Terezinha das Rosas

Vou botar paz nas rosas:
deixa brilhar
pessoas que estão pela verdade.

Vou botar rosas na paz.

Faz crescer água e transplante.
Inabalável é o santíssimo tempo,
afinal a realidade ilude.

Vou botar rosas a serviço do viço
mesmo que conspirem a mentira no mundo.
As contas serão exatas
e empurrar o sal do julgamento
para além dos saques
é a pena para quem continua a ordenar o erro.

Rosa em botão levanta-se ao céu,
peito aberto da justiça,
escudo deslumbrado de silêncio deserto,
recém-nascido e violento de amor descoberto,
faca certa na cintura do perfume vegetal,

que estamos em nome da paz,
estamos o salto das crianças brincando,
carregando o todo sol na garganta.

Vamos salvar as crianças,
salvá-las do mundo,
botar paz nas rosas,
limpar a paz para as crianças.

O caminho que se abre é de luz!

Até a mirar,
olhos infinitos nas estrelas-asas
para vencer a guerra
que vão nascer corações livres
que só se curvam à paz.
Botar rosa.

Deixa brilhar
pessoas que estão pela verdade.

Mesmo:
aurora dói
e o tempo será novo para a força da paz.

Mais importantes são as rosas, os animais e
                                        [as pessoas.

31/07/2014

PODERIA SER SEM DOR

Poderia ser sem dor
o amor do poeta pelo outono adentro?

Encharcar-se-ia de lírios.

Arranjar-se-ia,
cantando a luz fina do sol pelo
ótimo arrozal
com a plantação
estendendo-se verde-gema.

Prossegue.
Tarde ensopada de amarelo ouro.

Tudo está ligado e diz que nada está quebrado.
Nada está usado.

Nada nunca dorme. Atenção. Nada nunca dorme.

A profecia da chuva lava estrelas com flores
e o exército da sobrevivência rouba a fala do vento.

Poderia ser sem dor.

As gaivotas na chuva
fazem a tarefa do eterno parecer fácil.

Serão as certezas o que temos de intolerância?
E a intolerância será o mesmo que tomar?

A ladeira da estação abril,
sinto-a inteira como só nós podemos sentir.
Somente livre do peso de quem jamais pode ser
                                    [capturado,
sinto-me quem ama ao sabor das fases
                        [desproporcionais
ama as frases escritas por alfabetos de estrelas
e as laranjas falando gomos de mel.

Corro aos viageiros da vida viveiro de vias lácteas
                                    [da tarde,
assombrados pela beleza que ainda sempre existiu
                                    [por aí
mastigando o favo doce da cana na roça
em silêncio e em busca de caminhos para resistir.

O motor da lua desossada é a melhor medida
de que preciso quebrar a memória em pedaços
e fazer de qualquer decisão

um sonho criado e com o limite
de tempo dos orgasmos,
sem possibilidade de rendição.

Poderia ser sem dor a apelação grotesca do outono,
as carnes das estrelas revidando falsidades,
as estatuetas paralisadas na perfeição das salas.

Cada vez mais inútil, a incompetência do querer
                              [mais e mais,
do ganhar sem partilhar,
como se isso pudesse ser sem dor.

No fim, a única coisa que vai valer
é o amor do poeta outono adentro.

JORNADA ANIL

Foi ou não o total desprendimento
dos beijos hostis –
a pintar barcos de vidro contra o sol,
que nos fizeram vadios incorrigíveis?

Cá estou, bela negação.
O melhor que posso fazer
é calçar meus sapatos
e seguir carma, acaso e solidão.

Mal ou bem,
serão estrelas violetas
e rebarbas da noite açafrã
que abrirão trégua
entre o suor homicida das palavras
e a seda líquida das vaginas.

Continuo errante vida afora
mas não desejo paraíso algum:
apenas rubras luadas insolentes
e a sanha de, com asas,
maltratar ventanias ilícitas.

— Respondo por diques que liberam a selvajaria renascida
como feras recuando no iminente bote fatal ao mar.

Se amo, o incenso dos mascates estará ardendo
nos flancos dos caminhos.
No meio das saudades (sabe-se lá de que cor),
endureço flor.
A saber, o perfume das flores noturnas desmascara
o peito.

Onde hei de abrigar coração,
fruto podre, andorinha
fazendo outono?

— Estou nos excessos. Corte-os e não mais me terá.

Sigo abrindo passagens
quando vento a capela vem me procurar na hora-céu.
Ele diz que vivemos em um tempo de mentira
esclarecida, de mentira educada,
que somos como papéis de parede
entre brinquedos e sucatas.

Volto às calçadas piratas
um tanto aberto ao descuido

e ponho-me diante do prazo,
com o verão vencido.

Digo que o novo é despetalar-se:
– Jornada anil, venha correr como um antílope
e caça pelas paisagens nitidamente aberrantes,
tarjada de músculos quentes
e selvagem melancolia.

Venham
excessos
nos olhares enlaçados
pela rude ferida do amor
pálpebras alquebradas
auroras nos mapas:
o azul cobriu o rosa fúcsia!

A salvação está nos girassóis diáfanos
no azul guerreiro do teu sorriso
no desmedido leão doce do teu olhar
na libélula do futuro que nasce.

Futuro renasce.

27/03/2015

NATAL DE KEROUAC NA BAÍA
DE GUANABARA

O céu mais se parece a um carpete preto-azul
                                  [sem fundo.

Os peixes, sem cabeça e abertos pela barriga, vão
                                  [nos cestos.

Novas iscas são lançadas na baía,
improvável manancial de vida.

O concreto desce vertical até a linha d'água.
Insetos correm.

Na noite sem lua,
boias de pesca flutuam na escuridão:
só queria uma noite azul... roxa fosse.

Há pouco mais de uma semana
a lua era um pêssego maduro
com casca e manchas e caroço.

Não faz diferença.
As gaivotas fazem as vezes no calor noturno,

os anjos se escondem em bares imundos:
anjos indolentes, cheirando a morango
descarados, distribuem as mercadorias
que acontecem cheias de maresia.

É quando percebo-me obcecado, cintilante e
mendigo nas bordas concretadas da baía.
Quanta saudade cabe no poeta e quanta ainda
                [mais se lhe transborda?
Quantos sentidos que não se rogam de completos:
estou cansado dos apossadores de coisas,
dos padrões pequeno-burgueses de medir-mentir
                        [sucesso.

Acho que tudo o que sempre senti é saudade
            [do que ainda não descobri,
uma tentativa de ser algo mais próximo a humano.
Pouco me interessa se anjos têm asas ou não.
Muito busco o abraço com que o horror me consome,
que pode ser ausência ou aqueles dias perfeitos
em que a alegria está como um jasmim-estrela,
cinco pétalas hélices estendidas bem as nossas mãos.

Se sei, estou ali, de pé.
E o que tem a baía a me dizer?

O que ela murmura com seus marulhos e engulhos?
– Queria que suas águas despencassem!

Fico estanque na mureta
e os pescadores
com seus leves movimentos meditados
recolhem e lançam linhas ao mar.

Abafado e cheirando a sexo portuário,
o ar recebe rápidas facadas frescas
que desobedecem a planura do verão, em tese
fácil e preguiçosa.

Tudo que se tem é uma paisagem
que fere de amor:
a ponte talhando o negrume com pingos de luz
e a garça branco-escuro, na beira
ereta-inerte,
quem sabe, digerindo ou esperando
outra chance de fisgar.

Decido insistir na busca da luz
por baixo da porta da madrugada.
Dessa vez, madrugasta.
Procuro frestas de madressilvas,
pedaços cor de malacacheta

no manto d'água solto na amplidão
quando algum reflexo parece querer desmentir
[a escuridão.

Dou-me conta,
destilado em sândalo insano,
de quão lindas essas águas podem ser na noite
[não-lua.

Tudo não passa de busca.
Penso no teu sorriso, na luz que dele
parte desfazendo neblinas,
partir dessa amurada a remar como a delícia de
[um abraço
e de seu regaço.
Penso nas tempestades do alto-mar,
e entendo que dormem próximos
a dor da liberdade,
o se abandonar devorado de amor
e o que sobra do naufrágio.

Apenas o silêncio do peso das águas inertes,
a loucura e o desejo que começam,
apenas meus dias errantes
fulminado com os verbos desbocados

abrirão o caminho da ternura,
esperança rebelde que me rapta sempre na hora
[certa.

Mas de tudo isso, a baía já sabia.
Sabia todo o tempo.
O tempo todo.

Só não me disse.

27/12/2014

DE LESTE A OESTE, OS MAIS BELOS

Leste-oeste
parte primeira das saudades animais,
outono
parte resposta para quem procura dúvidas.

Poetas são ovelhas negras
viciados em lua e paisagens solidões:
a antessala das desolações
assim como o outono entra triunfante e vadio
nos pátios e
escorrega úmido pelos muros.

Leste-oeste dos afagos e trocos
sem parar para a chuva,
para as pedras molhadas.

Já é outono!

Dançar livre daqueles mais lindos olhos que já vi.
Acordar e a colheita orvalhadeira
madrugada linda do negro dos seus olhos, mais lindos
impossíveis de profundos
intragáveis de belos

mistura de mato e cidade.

Leste-oeste tamareiro,
de lua de quem vai falar o que não devia.
Atreve-se poeta
aquele que ficou cantando o que não devia
por causa dos mais belos negros olhos de fêmea
desejo perfeito como o sol saindo do mar
festa de cores no mar resistindo
as cores do céu malabarista da madrugada
o pedaço de céu do lado da noite.

A outra parte era você e seus solares olhos negros
tessiturando o interno de minhas veias
quando no dia em que me vi inteiramente novo
e já não era mais criança
e só na sua pele de azeite
nas faíscas e nas alturas
e eu já não era mais a criança
como sentir aquela confusão
confissão de outono como colheita sem madurar
chupar o azedo doce do fruto do café
café da cor dos olhos mais lindos que já vi.
E amei.

25/03/2013

CHEIRO DE MAR

Todavia
a algaravia corta o silêncio do mar como
perfeito efeito placebo batendo contra o infinito
em que nos achamos vivos.

Se é para ficar com a causas
prefiro a volúpia do mar sem razões.
Viajo como um pequeno barco de papel
em alto-mar,
como um calhamaço lépido de girassóis
por sobre as ondas.
São as estrelas que mais beijam o liso
do oceano veraneio.

Gostaria de ser todo em crer,
fé franca das folhagens com cheiro de mar
promessa de romaria pálida de milagre
rota do vento com quem é do vento
presságios livres como as aves rasantes no mar
cigarras de lua urrada em todos
os dialetos.

Lilás
chamo doces damasqueiros em flor
flor falada dos damasqueiros no crepúsculo
luminar do eterno lua tempo de viagem,
tempo de miragens,
tempo de vida,
vida vento do mar,
vida e mar.

2012

CARRASCO

O outono carrasqueia
com meu coração
e aprova luzes de cristal na relva
quando o Hendrix fantasmagórico
da guitarra limalha nos dentes
chama tudo de putona mais gostosa
e abençoada da noite,
e porque deixa as borboletas flutuarem,
flutua vida nas sedantes crianças danças,
amadas por nada,
primeiras e últimas,
que a ordem é o amor tão difícil,
tão indócil quanto as adoradas
infâncias lupanares,
as distâncias gritando nomes para ninguém
que ama,
para alguém que delira o único
delírio são,
a faca em forma de nota,
a lucidez penetrada de luz demais,
perpétua inquilina de nossas mentiras
que a todo custo tentam se tornar realidade.

Tudo o que vemos são verdades revisadas
e o outono vem e as desabrocha,
uma a uma,
pétalas,
silêncio por silêncio.

2011

ESTIAGEM

tô estertorado de impropérios
com a chuva que bebeu o meu fustigar
lambeu as calçadas
beijou os surtos proparoxítonos das damas
das nuvens doidas de semana alguma
coisa que substancia
tramando
destrambelhando os regatos abastecidos:
ter e não ser.

quando a maior transgressão é ser feliz
sou eu quem abre a madrugada desesperada de luz
desfazendo o sereno em cristais de aluvião
nácar de estrela disparada
para servir o vinho veloz de chegar
partir breve e sozinho
como um guerreiro-astro nos confins
desamparados,
mandando lua marítima e navegada nada,
que eu consigo enxergar para os lados numa
[velocidade
de estrada.

as pétalas
formadas de eclipses
escorrem finos frios pelo vento
e o espanto da eternidade é atropelar a ignorância
correr o profundo das conas
abastecer as raízes das revoluções
tocando a terra em flancos de brotação:
– terra, massa úmida como saliva bruta
os lábios fêmeos e constelados
os hinos arrancados em chamas,
eviscerados,
dois albatrozes sobre o mar
literalmente simétricos
enxergando a extorsiva umidade
cercada de estiagem.

e de indecente restou apenas a madrugada nua,
                              [escancarada, prostrada.

única vantagem:
ainda não inventaram nada que eu não possa
                                   [aprender.

ainda,
a desperta estiagem,
minta o silêncio.

23/08/2011

DECRETO

Decreto
que qualquer nome escrito
soará
daqui em diante
como pequena folha
animada pela vento!
E o triste
tem de traduzir-se em canções
para quem puder ver o reflexo da vida,
breve, pequenina,
gota.

Livre de lágrimas
o passado só pode ser passado a limpo
se o eterno o for eterno durante;
agora.

A palavra triste da poesia
somente poderá estar,
de agora em diante,
disfarçada em grito carregado por frutas
de vento irado,
grito beijado em revolta

porque somos todos – sem exceção,
breves nuvens esbroantes,
virgindades ardentes de rosas
com gosto de Tempo.

Deixo as páginas abertas do meu vento
a tapeçaria de meus sonhos
por onde sobre possa andar,
as lágrimas de quem nasceu triste,
para que as palavras descubram
uma língua jamais ouvida!

De agora em diante,
saudade que tenho de outras eras
sentimento ancestral que acompanha
como uma coroa de girassóis mágicos,
estarão sempre
os sonhos da infância
pousados na minha fronte!

24/07/2002

OUTONO DESIMPEDIDO

O que não tem forma está sempre procurando uma forma.
Khalil Gibran

Agora eu sei
coração de poeta
não vale um vintém.
– Quem pode dar algo
por um coração
tão desimpedido,
sem medida alguma?

Coração de poeta
vaga com o sol
por toda a tarde,
e o silêncio
o é sem rumo
para um coração assim:
– Quem pode acalentar
algo tão sem motivo?

A luz marca a tarde sem fim.
E o coração do poeta
grita, irrita, briga consigo:

oceano aberto
em distâncias e desejos.

E esse mesmo coração,
como uma taça cheia
de essência das mais
voluptuosas,
das mais luxuriantes,
só pode querer
um pouco de descanso
de ser tão assim desimpedido!

Maio, 1999

NUA

Lua.

Nua,
com'
pleta pintura no céu
pleta prata de luz
pleto mistério em placebo:
quando nada-nada em mim existia.

Quando nada de puro no homem,
há de lua pintada no céu
– franjas-prata por plena,
dama com os vagabundos,
morada das putas belas.

Beija a loucura e os perdidos,
pintura no céu,
repleta e luze.

– Beija a criança mais lúcida
que os pais.

Nua
com'
pleta aprendiz vagabunda
pleta vadia das ancas
pleta corsária a sotavento
pleta tremor no oceano
pleta com a noite.

11/06/2002

PRIMAVERA CURTA

a primavera vai ser meu sêmen
jorrando preferido,
precipitado,
que eu quero
nunca mais saudade
nunca mais achatar vontade
amar como a luz repousa.
no ritmo.

inimigos somos nós mesmos
quando não semeamos
não partilhamos
e as ataduras da noite começam a nos
envolver de vazio,
cobrar à terra
os nervos ávidos de rocio.

a nota da terra que pulula inflamada
cúpula os grafites mais intensos
e se a primavera e o tumulto se beijam
as maquinarias revolvem a matéria,
mas se esquecem que o orégano vai cobrar sua
[avidez

que as maçãs vão esperar as luzes dos postes nos
                              [contêineres
o porto vai fabricar as cores da espera
e o desapego nunca mais será saudade.

nada mais curto que partilhar vontade
que minha carne é a face do partir
amar como a luz semeia o brilho do orvalho.

então, o crisântemo será calmo como a verdade
a dama-da-noite vai descer sedução com seu
                              [perfume azulado
o jasmim-estrela vai cuidar das asas de qualquer
                              [tormento
o trigo correrá pelo campo.

as palavras que serão ditas, serão ditas
a luz sobrebeijando os trigais será luz
a esperança será renovada dez mil vezes para cada
                              [segundo
incorrendo e restando, apenas
abraçar o ritmo.

o ritmo
o istmo

da terra
que brota
sêmen
mais
primavera
que curta
que cura
doce
curta
em cura
curta
mais
demais
curta
primavera curta.

7/10/2011

O JOGO DO OUTONO

Nasci equinócio: blasfêmia e
nômade.

São os desabrigos que me encontram passos na rua.

Mesmo, sou pássaro
impuro como deve ser o março
um tanto penumbra, outro tanto trigo novo.

Falei asas da palavra jogando-as como dados
                              [na mesa de jogo.
Falei da dor ao puro sabor dos sucos mênstruos
                              [das donzelas.
O outono não quer saber.
Falei da aragem e dos pastos e do perdão:
o outono vem cobrar o preço dos desejos e dos
                              [canteiros.
Quando ele dá sua mão,
sentimo-nos mortais como boca que aspira brisa
                              [fresca.

Embalamo-nos em comboios mariposas.
Asfixiamos as palavras para que o vento faça
                              [seu trabalho

de abrir nuvens
trazer sinas e sinais
tragar sangue-óleo e baforar lua e, no fundo
do sol, espalhar espelhos destilados de fúria,
copulando a transformação que na fornalha
de bálsamos imprudentes
faz tudo virar de viragem, semente de estrela,
somente de passagem,
de porto em porto, navio inadvertido
e sorridente quando a tempestade
faz o mar correr convés.

É o vendaval quem mantém os mantos
da respiração
e saúda os homens:
crava contas de luz por entre as gretas
das nuvens descaradas.

– Entra cabeça do outono! Nunca plágio, entra!
A mais sutil das estações chega sem sinos
sem estórias
e se arroja de águas.
Sangra os ingênuos como prêmio na torrente
de prestação de contas,
degola o verde e extrai o sumo,

escava-se de usura: quer tomar tudo
e todos, caçadora vestida em folhas secas
acompanhada por máfias de estrelas que blefam
                                        [da noite.

O jogo do outono desdenha dos amadores
e preferível é, se só puder ser nu
como veio ao mundo, bancando as cartas
das almas, sendo o meio do nada
como blasfêmia transparente e a devoção imolada
                                        [das santas,
esboço que é com sua paisagem de galhos limpos.

O jogo do outono é trazer passagem:
um tanto de pagar pra ver tudo o que
se oculta,
despatriar, mormaçar, desamordaçar,
comparsar-se aos banidos e banir os escolhidos,
fatigar os quartzos e mascar as guerras, absurdas
                                        [que são.
Lava-se e destrói sinas.

O jogo do outono: botar as cartas na mesa.

27/03/2014

VITÓRIA

Neste momento,
vou chamar todos os meus ancestrais:
os pobres, os pequenos burgueses e os ricos
os sarracenos e os de além-mar
os desgarrados, os loucos e os normais
os educados e os depravados
os do deserto e os do mar
os simples e os fidalgos
os burocratas e os malandros
os luminares e os que fracassaram
e vos digo:
– Eu trago a vitória de poder dizer,
o presente e o futuro que lhes dedico,
a luz que a poesia é,
a voz que pode,
a liberdade de poder mais uma vez,
a porta que se abre de eternidade.

Somos amor e luta e madrugada.
Somos o terreno e o celeste.
Somos o perfeito da lua – esférica
e histérica,
somos a habilidade de correr os milênios

como meninos apavorados de encantamento,
atracando os barquinhos de papel,
andando entre as ruínas e as deusas,
falando a língua dos mercados atravessados,
a língua das torres e das ruas.

Seremos quem pudermos ser.
Teceremos a lua caminhante.
Apontaremos o futuro de luz.
Viajaremos na velas estufadas pelo traiçoeiro
                                [noroeste.
Abriremos a picada na mata justa.
Esconjuraremos o que não for luminescente.
Aproveitaremos as tardes inúteis,
porque fomos feitos da fibra solar,
da inércia e da resistência mourejada,
da melodia das carruagens e das carroças,
dos pátios e suas fontes para o pronto refresco,
das rotinas e das aventuras semi-suicidas,
do trabalho fustigante e da completa vadiagem,
dos amigos que a vida vai nos trazendo,

porque, se estou aqui, a muitos devo
na construção da vida,
meus antepassados todos,

um dia depois do outro,
caminho dos astros.

2010

BOCA DO CANAL DO MAR

Tudo em paz no poente acinzentado da boca do
[canal do mar.

O sol pediu trégua
e parou de apostar nos números dos dias
a começar pelo setembro,
promíscuo,
com dias sem palavra alguma a cumprir,
em que meus xingamentos ultrapassaram
[o simples perjúrio,
de mães e orgias,
das noites sem pele.

Livre de novo, arremeto em pura paz,
letargias a que nem sempre estamos capazes
e que agora apeteço-me
no vento afogado de umidade bruta.

Esmolando como aleijado de guerra,
o inverno vai canhoto
e se sente ludibriado
com as raízes tontas e fortes que querem:
a castidade foi um dia presente da primavera.

Tudo em paz na boca do canal do mar.

Volto com a cinzalhada que cabe
nos nervos organizados da maré,
na certeza caçapa como quando tudo está
no seu lugar
e nas primeiras esperanças
habitantes do mel, dos veios e dos milagres.

A umidade das brisas espanca na boca do canal.

Estão chegando as marias-sem-vergonha nos
        [canteiros finos e nos acostamentos
como uma máquina de crias vegetais
que trazem polens e germens da ventania,
onde a paz sufoca-se
e pode-se até sentir piedade.
Mas a única certeza continua:
os ciclos se sucedem,
e quem fica estanque como uma estação engolida,
subestima as rótulas e o carrossel
da eternidade.

O que há mesmo de mal em falar das direções
        [que não levam a nenhum tesouro?

Comigo, o silêncio aveludado do limo.
Tudo em paz na boca do canal do mar.

7/07/2015

SANGUESSUGAS VOLÁTEIS

Proxenetas vendem o mundo
e eu aqui com papel e caneta
quebrando as leis ortograficarnais
perante o semblante incorpóreo das imobiliações,
dos fundos e *stock markets* espremidos de sentido.
Esferograficamente até parece, diante deles,
que sou eu que minto!

Para avançar, clamo por Augusto dos Anjos,
o anjo dos vermes e das putrefações
que pelo menos – e mais –
antecipou o que vai no fim
– dos mercenários aos poetas,
dos poderosos aos humildes –
ser comido ao se subtrair a orgia-vida.

Seguir mutilado sob o vilipêndio
de cães ladrões,
vendedores de alma e mãe,
importa e exportadores
de notícias timbradas em papel-dinheiro,
dos interesses canalhas hipocri-criados
em favor dos melhores negócios – mesmo

que sirvam para ceifar campos inteiros de cereais,
como gafanhotos voláteis devorando
                [lavouras-infância,
nas bolsas que oscilam ao bel-prazer
do deles prazer em faturar, cinicamente
estuprando economias do outro lado do mundo,
ou até mesmo as de onde estão agora:
porque eles não têm lado, nem religião, nem
                            [moralismo,
nem escrúpulo.

Proxenetas vendem o mundo como mercadoria
em leilão, sabotando a economia verdadeira
das hortas e galinheiros nos quintais,
do limão-cravo (esculachado de cheiroso),
da cana recostada no fino muro caiado
pronta a espremer-se em doçura,
da cebolinha guiada de canteirinhos,
da luz do sol alumbrando roçado.

Diante de tudo isso,
os extorsionários de sorrisos
não estão nem mesmo diante de tudo isso.
Somente fabricam as próprias brechas
de fabricar mais vazio dentro do vácuo,

como abortos pré-adolescentes,
especulando duelos armados para saírem
sempre vencedores.

Jogo final:
qual é o preço dos quartzos da lua crepitando nas
línguas marítimas,
das varandas e das heras que beijam o recorte dos
parapeitos, para bocas:
pare usura, pare ganância.

Proxenetas vendem o mundo como mercadoria e
desdenham, mirabolantes, ante os milagres, ante
aqueles que deram a vida pelo que acreditavam,
martirizaram-se para virar deboche nos *halls*
exclusivos e apátridas, espalhados pelas pátrias
a abrigar *jet sets* nojentos,
ocupados por abutres que se sentem ótimos ao brincar
com seus impérios pessoais e com a vida dos povos.

Continuem movendo moeda virtual pelo mundo
como peças num tabuleiro cínico e risonho de xadrez.
Vendilhões, sanguessugas:
"craqueiem" os escrúpulos da substância-vida,
brinquem de jogar com o produto e o produtor,

tratem o saibro e a argila, a madeira e a fruta
os víveres, o elemental e a natura,
os animais e as pessoas
como seres absolvidos de espírito e matéria,
transformando tudo em trenzinhos financeiros.
Se esse é o mundo de verdade para vocês,
que seja:
deuses modernos que são
podem controlar a vida e a morte, pois não?

Agora, quem pode lhes cobrar algo?
E quem somos nós, meras peças de capital
                             [e estoque de gente?
Por último, quem irá derrubá-los, tiranos
                             [contemporâneos?

– Eu aponto a farsa.

10/05/2015

CURA

A noite já deitou lar e a baía,
doce e crespa contraluz,
enquanto flutua sua cor de petróleo,
deixa saber do vento laço lambendo-me os braços.

Pego das vísceras das flores
e arranco um naco de qualquer coisa
onde os gatos cheiram em silêncio
o perfume
e aprendo
e quanto
o hoje está repleto de distrações
e números que nada dizem além do que
querem que digam as megacorporações.

Vou consertar o céu absoluto
como devoto das palavras estragadas,
e buscar nos desfiladeiros e nas gargantas
o pó da alma e das estrelas candeeiras
para o desarvoro da cura:
tudo o que nos ensinaram ou ensinarão
ainda está errado ou é pouco
para quem quer ter um coração grande.

Isca ao mar,
o molinete lança e puxa o lençol óleo negro
franzido e transitivo das águas,
e numa coleção de vadiagens
as estrelas se encontram no entroncamento
                              [do tempo
que é o agora
o estar diante do impossível
quando o possível significa o mais improvável
                                   [de tudo:
a vida.

Se a solidão é o vazio inteiro,
quero abraçar ventos impiedosos e livres de toda
                                   [a dor,
deixando para trás apenas as marcas do ferimento
                                         [seco:
a solidão também pode ser caminho do
                      [predestinado.

Agarro a cura e atracamos de socos,
como se a poeira fizesse diferença
para estarmos assediados de paz,
e não vão ser as estrelas romeiras,
acometidas de destinos,

as que trarão alguma resposta certa
a quem busca o que ainda não existe no mundo.

Trato de assinar contrato, isso, sim,
de que um dia encontrarei a baía apaziguada
como fêmea prostrada após o gozo,
e sem perdão,
laçar a cura de frente.

20/10/2015

FÊNIX

Se tantas vezes andei com olhos apagados
se tantas vezes dei-me ao desastre iminente,
emergi fênix soçobrada
fla-fla-fla-flanando em asas
que se arrastam força acima e além dos juízos
trazendo os pedregulhos seccionados e as mortes
                                              [sujas
nas penas amassadas
que embrulham o novo ao velho,
o casto ao devasso.

Retorno em asas sobrearrasadas de libélulas
à lembrança dos dias que se fizeram doces vapores
                                              [da alfazema,
e de outros,
com perguntas argutas,
infestados do que pode estar por trás de tudo
comprometendo os marasmos aos beijos com as
                                              [embarcações.
E passo e prometo e procuro
nada de santo nos afazeres atracados
das semiadolescentes sarjetas em que agora asas
                                              [borboletas

anunciam o fim dos estilhaços
soerguendo arduras curadas pelo pó das asas
                        [das mariposas:
por isso tenho em mente
o melhor da promessa paga
indignado com o tanto de documentos
com que vamos nos escondendo pela vida.

As asas que se deveriam enferrujadas
apostam agora, eu-mergulhão, com a facilidade
                        [de dar o bote rasante
empinar voo e furar novamente o mar como
                        [flecha cometa e,
a pender miragens e suspiros das madrugadas
                        [voadoras,
ser o novo querelante das misérias tão simples
                        [de cooptar
como, exemplo, as migrações dos mendigos no
                        [centro de São Paulo,
ou os refugiados de guerra do Oriente Médio e
                        [norte da África,
quando na verdade a mídia é arma de atar mãos
e vendar o mundo
restringindo-nos aos nossos cubículos
                        [bem decorados

com gessos, algodão e telas céticas
fazendo do armamento
fetiche e endosso dos nossos dias,
das novas nuvens contra o aparado azul,
do lírio que não precisa obedecer a ninguém,
das asas negras transparentes dos besouros
em que obturo as lentes demais, demais lentes.

Aterrizo: ainda estou vivo de novo agora.

BREVE CONVOCAÇÃO PELA ELIMINAÇÃO DO DINHEIRO

Olho para os tetos esbranquiçados de amarelo
e a tarde, as coisas, o mundo
caminham paralelos
num universo caótico de calma.

A eternidade trava sentido
na mentira que é o capital.

Só o amor está em todas as sementes
suficientes para tratar a covardia
e o despropósito do lucro sem fim.

Proponho agora e em alto e bom tom
a abolição do sistema financeiro:
sejamos de cavar a *Matrix*
em sua essência
e indecência
e buscar que não mais existam escravos em nós.

Só pelo exemplo,
as veredas que calham na afluência dos rios maiores
provam que tudo é invenção aceita

para acelerar o preço do espírito.

Quanto a mim, estou.
As folhas secas do inverno desmancham-se
                           [em promissão,
trabalham para a terra e para o futuro.

O sol é tão limpo.
Parecem mentira,
as montanhas vestidas num manto cor de fumaça
                                        [amarela.

No fim do horizonte,
rasgo o sândalo carregado de solidão
ocre, doce e cheiro de terra quente.

– Veja: as orquídeas "chuva de ouro" são sempre
                                    [espalmadas:
estão prontas.

Lembro-me do garoto que caminhava olhando
                                    [para o céu
no único caminho que leva para algum lugar
e aquele garoto era anúncio da mudança,
prometido em tardes fugitivas,

desdobradas pelas cirandas e beijos de girassóis.

De mãos dadas,
as infâncias deveriam estar em órbita
vigiando massacres e o poder da ganância,
porque o amor é antônimo de escassez.

Entendo agora quanto e como cintilantes somos
e que existe uma luz
para que expulsemos
os rastros do capital:
é só deixarmos todos de acreditar nele!

O poder está conosco.
O sonho é o mais abundante recurso.

O verdadeiro dinheiro é o que não pode comprar.
As apostas estão abertas
e é o sol que nos espera.

25/08/2015

LÍNGUA PRATA NO MAR

A lua desce como um assassino silencioso
e na linha de provocação
estende tapete de pérolas moídas no mar,
chantagem bailarina aos amantes
que ainda não se deram.

Esbaforindo-se, o satélite traga a urgência
dos cabarés fechados.
Seu meio arco angula levemente de lado,
aceita os fios da lâmina lavada na prata
e impinge lanho ao pano invisível da névoa
                              [púrpura,
púrpura dentro da escuridão.

Se a linha vadia que os relógios não marcam,
e aqueles que ainda não se deram amantes
encontram-se sedentos e persuadidos
pelas provações da noite esfaqueada de domingo,
e a partir do ponto onde a língua prateada
parte a lamber o mar e a dizer que existem
                              [corações
atapetados – estes nunca os dos proscritos
nem dos poetas – estará, sim, a tarde que partiu

e as folhas cor de azeitona acasaladas ao sol
ainda na lembrança da distância arredia
que a hora põe.

Resta saber se a força-motriz da nudez
com a qual o brilho fibrila as águas
soa como castigo
como solidão de istmo a lançar ombros marítimos
ou como contrato de confissão de vela estufada
ao sabor do vento envenenado
para esticar caminho
no mundo, paradeiro desvencilhado de
nomes, nações e destinos.

Os amantes que não se deram
– tudo escrito em pálpebras,
serão experimento do Tempo,
tempo em que a lua vai dizer dos milênios
e dos dias que salvam todas as rotas,
as estações pululando matéria pútrida e fecunda,
vida de assalto, divina,
mariposa descascando o casulo lamparino como
um beijo de dentro para fora,
e a ladainha do vento que arrasta poeira
nos isolados pontões de terra,

fazem somente sobrar agora a perversão
da lua, meio arco desaprumado no céu,
desferindo língua prateada no mar.

13/08/2015

PAREM DE ROUBAR OS ÍNDIOS

Disponho meu cocar ao impiedoso cair de folhas
antes que seja tarde demais,
até nos estranharmos diante de desfiladeiros
                                 [da memória
que remove raças inteiras
e faz parecer irrelevante que se lute.

Você duvida que eu seja indígena?
Pois tenho um pouco de cada sangue em
                                 [minhas veias
e um muito de verdades
e mitos bem fundamentados
nos ancestrais do planeta.

Com qual dignidade se nos apresenta a civilização
para abastecer a escravidão do conforto?

Por acaso a mentira é a irmã coroada
com as glórias da fama
e a fútil estrela distorcida nos edredons das notícias
onde reza nossa mais remota esperança de liberdade?

Estarão para sempre
os labirintos das matas,
mapas fáceis ao nativo,
marcados a flor e húmus,
salmo das cascas arvoradas
destinadas ao bolor dos cogumelos morenos,
nascidos profundos dos aguaceiros,
e mais demais da mesma e sempre
dinastia da umidade sanguinária das
madeiras?

Sei que livre de trilhas é o índio:
casa aberta por entre floreiras – filhas
da maçagada flora – em que se trata
de saber de cor e bater a mão espalmada
                              [nos troncos
para abrir caminho às tratações do caipora:
senta-se proteção aos bichinhos.

Meu cocar dispõe-se em sangue
que brota indígena
sangue meu e seu
onde é comum branco apropriar-se
das terras que nem mesmo
quem lá nasceu e roçou de mata seu crescimento,

nem mesmo eles,
sabiam que pedaço de chão tinha dono.

Antes e sempre,
impiedoso cocar do tempo
que julga
e gradua sentença
até mesmo
quando todos se esquecerem
do que foi, um dia, um índio.

29/07/2015

DO MIRANTE

Portuária dormitando lanças de luz na água.
Domingo já se foi, pois que madrugada.
Os guindastes longos, longínquos desde o mirante,
gigantes estanques, descansam seus músculos
que nunca parecem cansados,
dependurados no alto.

As estruturas oblíquas da escuridão
descem junto com a hora.
Gruas lubrificadas e balanças aturam,
auferindo sob a tara de toneladas de silêncio
[e solitude,
a atividade que vem e vai
em que se sustente
o dia de quem trabalha para escoar e estocar
labirintos de memórias de trocas mercantis,
e estórias de luares que a noite desvenda
desde o começo dos tempos,
desde o começo,
viajantes marítimos no desembarque sedento
[a pouca de mulheres
que servem de corpo em troca do delírio pago.

Daqui, posto a mirar,
sonho o sonho da transparência
através dos espelhos da distância, esguelhas
o noturno de alma lembrando algo que não
                              [é dessa vida,
lembrando que os segredos dos mirantes,
estando a sós ou não,
continuam como segredos
e aí está a sorte de se voar os olhos.

26/05/2015

OBRIGO-ME A ACREDITAR

A música do deus está no mar descabelado
blasfemando pelas últimas gotas
de amarelo, violeta e rouquidão:
sob o púrpura moído e soprado
as luzes fizeram curso de algum norte,
soçobraram leves suspiros d'água,
tremendo tramando o navega noite das correntes.

Passível de todos os amores,
a brisa calosa tenta fazer curvas rentes ao mar:
o incenso marítimo caminha e roça os costados
                                 [dos navios,
os mangues,
e o azul negro contraparte as luzes fundeadas
                                 [à boca da baía:
são auras pássaras que nos trazem sonhos
                                 [de violência
cintilante.

Estou longe,
longe do passado e do futuro
e o dique ao dissabor do abandono noturno,

recebendo aos ombros tiras fatiadas de marolas argutas,
alinhada flutuação à sorte de pequeno vento frio,
faz-me pensar na segurança dos lares
e das crianças que vão receber
planos inteiros sem questioná-los,
e nas poucas outras,
sob força maior de instinto,
como nuvens,
vão nunca atracar,
para sorrir e estraçalhar os sonhos para elas sonhados.

Penso, por hora
que o mar
como um bom pagão
reza canções afogadas,
assassino bem intencionado ao peso das travessias
contracorrentes,
vendo viver luzes costeadas cada vez mais para trás,
e cadenciando a iluminura, lá em terra, estremecida
e emoldurada de negro.

Obrigo-me a acreditar que o mundo
pode ser muito mais do que pensar
no próprio umbigo e lutar na selva
da sobrevivência:

– Salvar é um milagre!
Não existe manual para o árido remar
dos contras,
para acreditar nas terras recém-lavradas
e na semeadura das palavras e consciências
como equipamento da liberdade!

É quando – a toque de caixa – a baixa-mar atinge
a substância da hora,
o silêncio surdo como força cartografada
da melhor solidão.
Manejam-se os calados pela baía,
festejados de cracas na segunda linha d'água,
esperando que as âncoras justifiquem o trá-trá-trá
das correntes dando-se a desenrolar
e tudo o mais que se fizer para a vida.

Em nada me importa se entra sudoeste ou sul,
só que o instinto é um mal menor na vida.
A nossa morada deve estar em qualquer lugar,
               [por aí, solta no mundo
e o consolo é o amor que abre espadas de quadris
                            [envenenados.

19/05/2015

PARA AMANHECER

Lua queda-se vermelha e rouca
para lá da madrugada,
chupada para o buraco d'oeste
que a quer sedenta e rogada
nas travessas polidas que servem os crepons rubis
da alvorada.

Seixos em que a noite se faz guerreira
movem-se nos ladrilhos celestes,
descendo proveito às partidas,
como corações abissais que se provam
alcateias e uivos,
transpirando halos no terreno móvel
das prateleiras lácteas
que nunca tiveram menos que o desejo,
e se extinguiram no dorso do tempo
quando o tempo jamais existira.

Rogo ao que me pousa ao peito,
eu, absinto embarcado de estrelas
e entranhas do amor:
acerca do abandono, conheço bem – lorde
deserdado, desacompanhante,

volátil: nada ser por nada trocar.

Atrevo-me a dizer que a madrugada suada,
traficando espasmos dos orgasmos,
costuras esfaceladas às tramas estreladas,
seria o mesmo que fazer vencer promissórias
de amores não cumpridos,
de castidades e de estranheza por onde correm,
cavam e se encontram corações prometidos
nas tranças em que o destino escreve,
sorriso curto de quem já tudo sabia
muito antes dos Tempos.

Dito a galope,
rodopiam as últimas estrelas num bailado
escarnecido e os senhores da Inquisição
ordenam pela incineração da madrugada.
O escrivão das portas alvoradas
anota a lua vermelha,
mandando-a às mandíbulas jovens e famintas,
sem deixar de sugerir:
– Para que tanto estrebuchar, poeta, se tudo é somente
mais uma manhã a chegar?

2/05/2015

BANDEIRA DOS DEGENERADOS

Muitas das prostitutas de rua que conheci
tinham bom coração e não eram degeneradas.
Degenerados, sim, os que lhes pagavam
   [o aluguel de cona, carne e músculos.

Muitos soldados foram à guerra, porque
      [acreditaram nas mentiras oficiais
e outros, ainda, garotos, nem, sabiam por que
              [estavam lá.
Muitos tinham bom coração;
diferente dos canalhas que insuflaram as guerras
            [em busca de lucro.

Mas não esqueçamos também dos degenerados
             [iluminados,
Cazuzas, Blues Boys, Gregórios Boca do Inferno,
           [Angelas Rô Rôs
Baudelaires, Rimbauds, Kerouacs, Bukowskis,
             [Bocages,
anjos decaídos desembarcando *strip-teases*
            [de família
na luta da lua parida no cais de agora:
malditos que se atreveram a surtar

e intimidar o sistema,
botar o dedo na cara das leis,
andar nas margens,
perder a conta dos entreveros
com os mais recatados costumes pequeno-burgueses,
como Gregório de Matos acusando o
        [oportunismo do governador,
a bem dizer, nas suas palavras,
de "come cus de becos",
na cara lavada, na luz do soneto.

E o que pensar sobre Jesus entre prostitutas,
    [jogadores, escórias, rejeitados e cafetões?

Quem é santo e quem não?

Quem jura em falso e planta o verso azucrinante?

Quem pode alimentar o mundo de mundos
                  [regenerados?

Seriam as crianças num mundo livre de famílias
                [– sem pais, nem mães,
seriam os poetas autodestrutivos,
seriam as madames nas butiques,

seriam os catadores de lixo hospitalar,
seriam os fascistas, os banqueiros
ou, ainda, seria você, são, inserido e integrado nessa
[loucura chamada século 21?

Vamos: quem se atreve a arriscar?

3/06/2015

NA TARDE EM QUE A BAÍA AZUL FLUTUOU

Nada posso te dizer
sobre o azul-férias e ocaso perfeito das margens.
Dos teus olhos
aos meus,
existem distâncias.
A potência é como um anzol tentando pescar nuvens
no céu cobalto límpido: vão-se dilacerando razões.
Por razões,
entendo o que se vai a quebrar como cristaleira
opiáceo da seda serpentina
que o céu desarrumado por chantagens,
na baía que cai da tarde,
enche-se aos caprichos banhados com o elixir da
[devassidão,
moribunda e dia.

Cai a tarde rindo-se convertida das aventuras
[embainhadas,
partindo toda do que a sombra começa
da turquesa ao chacal abismo,
dando de ombros aos sorrisos,
no aceite da já próxima astronomia submarina em

que meu peito tropeça,
quando teus olhos atravessam-me o incêndio
e o céu de pupilas e rosas-beges – que te fazem textura de pétala,
constelação rebatizada por onde tua voz habita,
estivam-me os lábios com lã de orvalho,
eu declaradamente cacto sobrevivente comendo de brisa,
vivendo errância.

Olho o mar encrespado no azul mescla de roxo.

Permaneço sem conhecer o caminho de volta
até que o destino me siga de novo aos teus olhos
até ao caminho da sorte dolorida das asas
em que possa me jogar ao espaço frutado
                            [das vertentes
que amam,
que entendem os movimentos completos da baía,
mas não dizem.

Maduros nossos olhos fixados nas promessas,
no outro lado estremecido das águas,
na silhueta da doce dor que a baía encerra
                            [contornada,

nos rumores abafados do horizonte onde pousam
[canções
e corações.

Por aqui, os pescadores seguem vivos

e nós, juntos, despachantes da tarde ainda
[brincando de céu.

Tarde, em que, magnífica, a baía azul flutuou.

21/04/2015

TARDE EM ARABESCOS

Um dia iremos todos
como um louco e tresloucado arabesco
da tarde longa e ruidosa...
Ruído sereno e distante,
profundo como arabesco d'ouro
da tarde iluminada e silenciosa!

E, então, seremos todos heranças
para quem nos ficou na terra
aos cuidados do arabesco dourado,
bordado com cristais tranquilos
da silenciosa tarde iluminada!

Pertenceremos à luz exata
que derrama guizos, brilhos nas campinas,
dourando o arabesco das almas silenciosas
na tarde estranha e despretensiosa!

E nada pertencerá a nada,
nada em tudo, sendo apenas o que é!

Luzes levantadas dos tempos,
das brumas dos tempos quietos

e vozes outrora relutadas
serão agora ouvidas!

Palavras que aqui encontro,
serão desprezadas
– não com orgulho,
e apenas valerá
o arabesco dourado e impune,
da tarde que, um dia,
uma criança
viu encher-lhe o quarto,
de incríveis formas recortadas,
miragens nítidas dos dias que são pura eternidade,
arabescos de sol na parede alucinada!

Acabou-se de imprimir
Tarde em arabescos,
em 30 de novembro de 2015,
na cidade de São Paulo,
nas oficinas da Psi7,
especialmente para Ibis Libris.